CRI DE SALUT

POUR

LA MONARCHIE MENACÉE

AU NOM

DE M. LE Vᵀᵉ DE CHATEAUBRIAND;

PAR M. MADROLLE.

> « La vipère est foible et rampante; vous pouvez
> » l'écraser d'un coup de pied; mais elle vous
> » tuera, si vous la mettez dans votre sein. »
> *(De la Monarchie selon la Charte.)*

PREMIÈRE PARTIE.

A PARIS,

CHEZ ADRIEN LE CLERE ET Cⁱᵉ., IMPRIMEURS-LIBRAIRES,
QUAI DES AUGUSTINS, Nᵒ. 35.

1824.

Ouvrage du même Auteur, et qui se publie en même temps à la Librairie de M. DENTU, au Palais-Royal, et à celle de MM. Adrien LE CLERE et Compagnie.

« De la Transmission héréditaire des Trônes dans les Races légitimes, considérée plus particulièrement comme source de la liberté »; 1 vol. in-8°. dédié au peuple français.

IMPRIMERIE D'ADRIEN LE CLERE ET CIE.

Nous nous devons à nous-même, nous devons à la France, nous devons au Roi et même au ministère, de déclarer solennellement, et de protester dès à présent contre toutes les suppositions ou les interprétations contraires, qu'en attaquant M. de Châteaubriand, nous n'avons voulu attaquer que la révolution qui le prend aujourd'hui pour son point de ralliement.

Comme il n'y a qu'elle de dangereuse apparemment, ce n'est qu'elle aussi que nous avons senti la nécessité, que nous nous sommes cru le devoir, et que nous avons eu aussi et l'intention et la volonté d'attaquer.

Nous respectons, au besoin nous défendrions même un grand nombre de véritables royalistes que des fautes réelles du ministère à leur égard, ou à celui de la société, semblent avoir momentanément réunis à M. de Châteaubriand. Nous n'avons jamais ouï, dans leurs écrits ni dans leur bouche, que des vœux ou des propositions auxquels nous souscrivons nous-même. A Dieu ne plaise que nous ayons l'intention, et surtout le malheur, d'aliéner pour la monarchie des noms et des talens destinés sans doute, même en attaquant, à la soutenir !

Nous ne combattons M. de Châteaubriand lui-même qu'en ce qu'il a de démocratique et de funeste.

Un illustre personnage, doué à la fois du double avantage d'une grande volonté et d'un grand talent, m'a dit : « Nous sommes divisés, et vous allez nous diviser encore. » Des hommes qui ne sont pas aussi grands, mais qui sont dignes de l'être, ont pensé, au contraire, et j'ai pensé avec eux, que, s'il y avoit un moyen d'union véritable, c'étoit, de la part des royalistes, la séparation, et, si je puis le dire, la répudiation publique de ce qu'il y a de faux et de criminel dans les doctrines religieuses ou politiques de quelques-uns d'eux.

M. de Châteaubriand a dit (1) : « Quiconque a commis un crime cesse, à l'instant, d'être royaliste. » Ce qui est vrai des crimes doit l'être des erreurs, lorsqu'elles sont d'une haute gravité ; car, entre elles et les crimes, il n'y a de différence que celle qu'il y a entre les principes et les conséquences.

Si l'erreur est aujourd'hui dangereuse, ce n'est pas lorsqu'elle est toute seule et toute nue : alors elle feroit reculer d'effroi ; c'est lorsqu'elle est mêlée à la vérité et présentée par les Grâces, c'est-à-dire, exprimée par M. de Châteaubriand.

(1) Tome III du *Conservateur*.

Ainsi, c'eût été un grand malheur de laisser à M. de Châteaubriand, dont les écrits sont remplis d'erreurs et même de passions, la renommée d'un organe infaillible de la vérité et de la vertu; c'en seroit un bien plus grand de donner les mains à son triomphe : il est flatté, il est vanté, il est porté par les hommes de la révolution. S'il arrivoit encore au ministère, comme nous avons lieu de le croire, il se trouveroit dans une position difficile : entre un devoir de ministre et un devoir d'homme, entre la justice et la reconnoissance. Dans un homme fort, l'esprit est, en ce cas, la dupe du cœur; dans M. de Châteaubriand, qui est tout d'imagination, c'est-à-dire de sentiment, l'esprit n'auroit pas beau jeu, et aussi, et par conséquent, la monarchie.

La devise d'un beau nom a été la nôtre : *Fais ce que dois, advienne que pourra!*

CRI DE SALUT

POUR LA MONARCHIE, MENACÉE

AU NOM

DE M. DE CHATEAUBRIAND.

Des voix éclatantes se sont élevées, depuis quelque temps, pour dresser des actes d'accusations ou faire des apothéoses; des sujets de tous les rangs, des écrivains de tous les partis et de tous les ordres, franchissant l'intervalle qui sépare les peuples des souverains, n'ont pas craint de pénétrer dans le sanctuaire de la majesté, pour lui demander des élévations ou des déchéances.

Au temps qu'on a choisi pour manifester de telles demandes, à l'union bizarre des hommes qui les adressent, au temps pris pour les former, à leur perpétuité, à leur violence, on diroit qu'elles sortent du domaine des *doléances* pour rentrer dans celui des *prétentions*.

Un état de doute, et par conséquent d'auxiété et de souffrance, est résulté de là dans l'ordre social tout entier.

Il est temps de le faire cesser, de rapporter le grand procès qui en est la cause; et, sinon de rendre, du moins de préparer le jugement des accusations et des apologies.

Si l'on n'eût attaqué que les personnes des ministres, j'aurois sans doute gardé le silence; mais ce n'est rien moins que les doctrines religieuses et monarchiques, et dans leur essence, qui sont attaquées; et défendre les hommes, c'est ici défendre la vérité.

Je défends, en ce qu'il y a de bon, un ministère menacé; j'en attaque, en ce qu'il y a de mauvais, un menaçant : on ne m'accusera pas, j'imagine, de lâcheté. Je hais ces coups faciles, et dont nous connoissons trop d'exemples, que la foiblesse, même la plus ridicule, porte à la force malheureuse. Il est permis de parler d'un ministère auquel on n'a rien demandé, et dont on ne peut rien attendre; car on n'est pas plus suspect d'intérêt que de ressentiment ou de reconnoissance. Quand il m'arrivera de soutenir le ministère attaqué de toutes parts, j'aurai un titre de plus : j'ai prédit son incertitude à sa formation, sur la seule *donnée* de son caractère, et je l'ai attaqué dans sa puissance (1).

Je viens, en dernier lieu, de défendre le principe de l'*hérédité des trônes dans les races légitimes*; je vais tâcher d'en défendre l'application. Si néanmoins on me demandoit quel est mon titre pour discuter tant de grands intérêts, je répondrois : *mon ouvrage*. L'intelligence est bien, que je sache, une puissance légitime; la Providence en est la source aussi bien que du pouvoir.

J'aurai eu plus de courage pour dire la vérité qu'il n'en faudra pour la souffrir. Je signe cet écrit; car, si un nom ignoré est inutile à un ouvrage, il a du moins ce qu'il faut pour procurer un *sujet* à la plainte ou à la reconnoissance.

Si mes observations sont justes, elles auront leur fruit alors même qu'elles seroient mécon-

---

(1) Voyez une brochure : *De la Réduction de la rente, considérée comme principe de calamités morales dans l'État*; le dernier chapitre de l'ouvrage intitulé : *De la Révolution dans ses rapports avec les émigrés*; et le premier d'un autre ouvrage, intitulé : *Mémorial catholique à l'usage des royalistes devenus ou reconnus libéraux*; tous ouvrages publiés sous l'anonyme et presque en même temps : les temps arrivent où il faut jouer *cartes sur tables*.

nues : c'est un privilège de la raison ; de finir toujours par avoir raison, dans l'esprit et dans la conduite même de ceux qu'elle a blessés et qui s'en vengent. Et moi aussi, j'ai consulté des amis, « et ils ont pensé que la publication » de cet écrit seroit utile, et que, dans tous » les cas, elle ne pourroit avoir d'inconvénient » que pour l'auteur (1) ».

Quelle que soit au reste l'effet de cet écrit, il n'en mésarrivera point à l'auteur. Ses concitoyens ne sauroient lui en vouloir pour cela, sans lui procurer l'avantage de pardonner, et le pouvoir suprême y trouver des erreurs ou des excès, sans lui donner l'avantage de les reconnoître. *Quant à la destinée de l'auteur, il peut dire aussi* : *comme il plaira à Dieu*.

Quel est le nombre des accusateurs du ministère ?

Quelles sont les garanties de leur intelligence politique ?

Sont-ils justes dans leurs attaques ?

Sont-ils respectueux ?

Sont-ils indistinctement de bonne foi ?

Toute la discussion est renfermée là dedans.

Et d'abord le nombre des accusateurs.

(1) *Du Système politique suivi par le ministère;* 1817.

Les majorités numériques dans le monde sont nulles; que dis-je? elles sont mortelles, isolées de l'*unité* religieuse et monarchique qui les unit, les préside, les règle, les gouverne enfin.

C'est lorsqu'elles sont gouvernées, et alors seulement que leur *opinion* vraiment *publique* est vraiment aussi la *reine du monde*, que *la voix du peuple est la voix de Dieu*, et que *l'être qui a le plus d'esprit* est *tout le monde;* car il n'y a point de locutions universelles, ou si l'on veut d'adages et de mots tenus pour spirituels, qui n'aient leur côté vrai (1).

Et cela est aussi de sens commun, de nature et d'ordre : que seroit-ce qu'une vérité qui, ainsi que la force, dépendroit du nombre, du poids et de la mesure?

L'opinion publique ne doit se considérer que selon l'autorité; je le crois bien: on ne pourroit pas même la concevoir sans cela; car, ne fût-ce que pour compter les voix, il est be-

---

(1) Il en est du goût dans la littérature comme de la vérité en politique : les majorités ne le font pas; elles le reçoivent du génie, qui, aussi, est presque toujours seul. Principe général : nulle vérité, nulle loi, nul bien sans autorité, et même sans unité.

soin d'une autorité, c'est-à-dire, d'une supériorité, et par conséquent d'une *unité*.

Vous qui croyez et qui voulez des *opinions publiques* différentes, et ne voulez pas de *souverainetés du peuple* et de *révolutions,* vous ne savez pas ce que vous voulez ! Lorsqu'on proclame la raison du nombre, c'est la raison du régicide qu'on proclame ; car à quoi bon les rois, si les peuples ont raison sur les rois ?

Quand l'opinion crie plus fort, comme cela se voit aujourd'hui, c'est précisément qu'elle a plus besoin de n'être point écoutée, et d'être rompue et refaite.

Je sais bien que nous avons encore plus d'une institution qui repose sur l'idiote raison des majorités, et plus d'un publiciste qui y croie dans ceux qui la défendent ; mais c'est qu'aussi il nous reste bien encore quelque chose de la révolution et de ceux qui la font.

On dira au peuple : voyez comme on vous traite ! Je lui dirai : voyez comme on vous trompe ! Autrefois c'étoit aux rois à se mettre en garde contre les flatteurs ; de nos jours, c'est aux nations.

J'ai supposé une majorité nationale pour

adversaire du ministère : il n'a qu'une coterie pour jaloux.

Le ministère pourroit avoir pour assaillans des noms célèbres, des personnages graves, des hommes d'Etat et des publicistes du premier ordre; et, à quelques exceptions près, je ne trouve guère que de célèbres romanciers, ou des écrivains royalistes et démocrates obscurs ou déconsidérés (1).

Un ministère pourroit avoir pour adversaires des journaux éminemment catholiques, dirigés par des hommes vertueux et considérables; et, à la *Quotidienne* près, le ministère de M. de Villèle et de MM. Doudeauville et de Damas ne se trouve en butte qu'à des feuilles équivoques, et par conséquent nulles, comme le *Journal des Débats*, ou à des feuilles républicaines dont les auteurs sont des jeunes

(1) Il est remarquable, en effet, que MM. de Bonald, de Haller, et même M. l'abbé de La Mennais, c'est-à-dire, les plus connus des écrivains royalistes, se taisent sur le ministère ou même le défendent. Il n'est pas jusqu'à MM. de La Bourdonnaie, Delalot et Fiévée, qui ne semblent reculer devant la couleur qu'a prise l'opposition. En sorte, qu'après MM. de Châteaubriand, de Salvandy, Sarran, Salgues, elle s'est trouvée livrée, dans ces derniers temps, d'une part, à MM. de Grandmaison Y Bruno et Coustelin; et d'autre part, à MM. Bailleul, Léonard Gallois, Gilbert des Voisins et Lameth, Chennecot.

gens qu'on ne veut pas nommer, ou des hommes mûrs qui n'osent pas se publier.

Mais ces gens-là déclamant fort et tous les jours, et se montrant seuls, il est naturel qu'ils paroissent *tout le monde*.

On ne s'attend pas que j'entre dans la discussion de tous les adversaires du ministère; je me contenterai d'attaquer les principaux; comme un souverain ne condamne que les grands coupables et amnistie le reste. Une fois notés les *grands esprits faux*, quelle force reste aux petits? C'est autant de mendians qui ne vivent qu'*à sa suite* ou *à sa faveur*.

Je reconnois à M. de Châteaubriand le talent d'expressions heureuses de quelques vérités morales, et même politiques ou religieuses d'un ordre secondaire, dans un temps et au milieu d'un peuple qui les avoient toutes niées ou méconnues.

Je reconnois les services littéraires qu'il a rendus à la religion et à la patrie durant le règne *de la révolution faite homme*, et le coup de main qu'il a donné à la restauration en popularisant quelques traits peu connus ou oubliés de la tyrannie *de Bonaparte* et de la bonté *des Bourbons*.

J'applaudis même à la noblesse qu'il y a eu à M. de Châteaubriand de rendre à Bonaparte l'emploi qu'il tenoit de lui, le jour même que celui-ci se montra indigne d'avoir des serviteurs, en se faisant, du corps de Mgr. le duc d'Enghien, un marchepied pour le trône de France.

Il a depuis concouru à la chute d'un ministère, sous lequel avoit pu se préparer et se consommer impunément un régicide nouveau.

Mais l'auteur du *Génie du Christianisme*, des *Mélanges de politique* et de la *Maison de Bourbon*, n'a pas plus le mérite de l'initiative que celui de la force dans le renouvellement de l'Eglise et de l'Etat. Il bégayoit encore le langage enfant de la république et du philosophisme (1); lorsque M. le comte de Maistre

---

(1) Dans son *Essai historique sur les révolutions anciennes et modernes dans leurs rapports avec la révolution française*, Londres, 1797. M. de Châteaubriand lui-même s'est vu forcé de convenir que c'étoit *un livre détestable et parfaitement ridicule.... un chaos.... d'un style sauvage et boursouflé, plein de barbarismes*. Voilà un aveu de la sottise du livre : c'est fort bien; mais il s'agissoit surtout d'avouer son esprit de démocratie et de philosophisme. Et c'est précisément ce que M. de Châteaubriand n'a pas fait, et aussi ne pouvoit pas faire avec sincérité. Dans l'endroit même de son désaveu, il ne craint pas de dire *qu'il n'a jamais varié dans ses principes politi-*

considéroit la France en catholique absolu et en écrivain supérieur; et quand M. de Bonald écrivoit, avec autant de courage, sur le *pouvoir politique et religieux*; et je puis affirmer, sans crainte d'être réfuté, qu'il n'y a pas, dans toutes les *OEuvres* de M. de Châteaubriand, une seule opinion vraiment religieuse ou monarchique qui ne se trouve exprimée, aussi bien et souvent mieux, dans les ouvrages contemporains qu'il avoit sous les yeux.

Mais ce qui n'appartient qu'à M. de Châteaubriand, de tous les écrivains royalistes, c'est d'avoir exprimé, et d'exprimer chaque jour encore, sur les points les plus fondamentaux, les opinions les plus philosophiques à côté de sentimens religieux.

Il faut que la vérité à cet égard soit bien évidente; car on la trouve avouée par les autorités le moins suspectes : l'un des plus célèbres rédacteurs (1) d'un *journal* qui a fait sa fortune littéraire, et qui s'efforce de faire sa fortune politique (car en ce siècle les journaux

---

ques, et que son *Essai historique*, où l'église catholique tout entière est sacrifiée, ne renferme, sous le rapport de la religion, que des pages qui blessent quelques points de discipline!

(1) M. Hoffmann.

font les fortunes), attaqua jadis, avec beaucoup de raison, ses *Martyrs*, comme ravalant la religion au niveau de la mythologie; et j'ai ouï dire à l'un de ses amis, au célèbre littérateur qui trouvoit aux *soupirs de Cymodocée la douceur des plus beaux vers*, à M. de Fontanes enfin, peu de mois avant sa mort, et ratifier par M. Dussault qui pourtant avoit si fort concouru à sa renommée, que le *Génie du Christianisme avoit paganisé le christianisme.*

Les ouvrages de M. de Châteaubriand sont ainsi jugés par de simples littérateurs; quel jugement faudroit-il en attendre de la Faculté de théologie et de la Congrégation de l'*Index?*

J'ai parlé du fond du *Génie du Christianisme;* que seroit-ce, s'il s'agissoit de son plan et de son ordre? Il n'y a pas, je crois, deux idées qui se tiennent; c'est un amas de pièces composées séparément, sans le moindre esprit d'unité, et qui n'ont pû paroître liées à des lecteurs inattentifs que parce qu'elles étoient rassemblées sous un titre unique.

Si maintenant nous examinons la politique générale de M. de Châteaubriand, nous ne le trouvons pas plus orthodoxe. Qu'est-ce qu'un publiciste qui s'imagine, car il vient vous le dire, qu'*il y a des mystères dans la politique comme dans la religion?* qui, au lieu de faire une *charte selon la monarchie,* puisque la Charte, selon elle-même, émane de la monarchie comme de sa source, ne sait que vous faire une *monarchie selon la Charte* (1); et qui ne fait rien moins qu'adopter l'absurde système de Condorcet sur la *perfectibilité indéfinie de l'esprit humain,* en nous disant sérieusement, dans un morceau d'apparat, dans la péroraison du *Génie du Christianisme,* qu'un temps viendra où *toutes les formes de gouvernement seront indifférentes,* et par conséquent cette démocratie pure que nous avons manquée en 93 ?

M. de Châteaubriand n'est pas un catholique

(1) Ce livre aussi est mis, en Espagne, où l'on s'y connoit, sur la ligne des livres philosophiques, et il est prohibé comme eux. Il étoit du reste singulier de voir proscrire comme démocratiques les doctrines d'un ministre, dans le lieu même où se faisoit, sous ses auspices, la délivrance d'un roi. Cette malheureuse pensée de la Charte, considérée comme type de la monarchie, se retrouve encore dans la brochure de l'auteur sur l'*Abolition de la Censure* : il prétend calomnieusement que *Charles X a montré qu'il prenoit la monarchie telle que le temps et les révolutions l'ont faite.*

du premier ordre; il est naturel qu'il trouve suffisamment catholiques des philosophes, des publicistes ou des historiens qui ne le sont guère, ou qui ne le sont pas du tout. Dans le même livre, il fait le panégyrique de Fénélon et de Locke, de Domat et de Puffendorff, du jésuite d'Orléans et de l'athée Hume; et le plus menteur, le plus calomniateur de tous les historiens, et, quoi qu'on en dise, dans le *Siècle de Louis XIV*, comme dans son *Esprit des nations*, Voltaire enfin est, selon M. de Chateaubriand, *le premier des historiens après Bossuet!*

Si nous descendons des généralités aux individus, la politique de M. de Châteaubriand n'est pas meilleure. Il se méprend sur les questions les plus graves et les plus simples. Il exprime les erreurs qui sont la source de toutes les autres dans un esprit conséquent.

Tout le monde connoît son fameux jugement sur l'opinion universelle, aussi logique que sacrée, de la *source divine du pouvoir*: il a dit que c'étoit là *une opinion surannée*. — Soit, et c'est une preuve de sa vérité; car toute doctrine qui n'est pas aussi vieille que le monde est une erreur.

Depuis, et dans son fameux discours de ministre pour demander la guerre d'Espagne, il a dit de la première des célestes prérogatives: *Je ne sais quel droit divin.* — Quoi! malheureux, vous demandez au nom d'un roi l'exercice de la plus grande action que la souveraineté humaine puisse exercer sur l'humaine sujétion, de l'action de guerre enfin d'une nation sur une autre nation, et vous ignorez que, si vous en avez le droit, ce ne peut être que par celui qui fait régner les rois et marcher les armées?

Tous les bons esprits sont aujourd'hui d'accord sur la révolution. Elle n'a été, d'un bout à l'autre, qu'une suite non-interrompue de crimes, et par conséquent de calamités. Elle n'a été suivie de bien que par l'intervention du Dieu qui, par une sorte d'évolution mystérieuse, sait faire tourner les ténèbres à lumières, le mal à bien, l'iniquité à justice.

Et M. de Châteaubriand vous la présente indistinctement comme un principe de gloire, d'*avantages* et de *bonheur*, dans ses *Réflexions politiques* !

« La mort du Roi et de la famille royale est
» le véritable crime de la révolution : presque
» tous les autres actes de cette révolution sont

» des *erreurs* collectives , souvent expiées par
» des vertus et rachetées par des services. » —
Ainsi cette effroyable guerre de la Vendée que
vous avez vous-même signalée, ces *massacres
en masse* des Carmes et de la Glacière n'étoient
que des *erreurs collectives,* et encore quelquefois *expiées par des vertus et rachetées par des
services !*

Des torts communs. — Votre mot a fait fortune : il a été adopté, comme nous verrons,
par vos élèves.

Qui sont le résultat des passions. — Est-ce
que cela les justifie? Ils ont cette source de
commun avec tous les autres crimes, et le *régicide* lui-même, que vous avez cru devoir
excepter, sans doute parce que vous parliez à
un roi.

Le produit du temps. — Maintenant c'est le
temps qui est le criminel : que ne pouvons-nous punir le temps !

L'inévitable effet de la nécessité. — Bonaparte le fataliste n'auroit pas dit mieux.

Et qu'on ne peut ni ne doit reprocher à personne. — Il y a là de quoi mettre à l'aise tout
le monde.

« Certes, nous avons beaucoup perdu à la

» révolution, dit-il; mais aussi n'y avons-nous
» rien gagné ? *N'est-ce rien que vingt ans de*
» *victoires?* » — Vous oubliez que les victoires
ne sont vraiment glorieuses que lorsqu'elles
ont pour objet *la liberté de la vertu*, et malheureusement nos victoires républicaines,
dont je m'enorgueillis moi-même, en avoient
pour terme *une autre*.

« *N'est-ce rien que tant d'actions héroïques,*
» *tant de devoûmens généreux ?* » — Cet héroïsme étoit inspiré par la religion ou la monarchie; il étoit dirigé contre la révolution :
comment pourroit-il lui compter ?

« *Les Français sont plus hommes qu'ils ne*
» *l'étoient il y a quarante ans.* » — Oui, mais
pour dissoudre les États aussi bien que pour
les soutenir.

« *Les révolutions ont des résultats heureux,*
» *lorsqu'on sait profiter des leçons de l'infor-*
» *tune.* » — Que n'en profitez-vous donc ? Et
avec vos *libertés* puériles (car je ne les crois
pas chez vous perfides), il est visible que vous
êtes indocile à la voix de leurs sanglans résultats à une autre époque.

M. de Châteaubriand flatte l'enfant comme
il a flatté la mère. Récemment même, la
France

France a été témoin que cet écrivain célèbre, un moment ministre du Roi légitime, et naguère l'*accusateur public* le plus virulent des crimes, et l'un des plus grands provocateurs de la chute de l'usurpateur, a paru s'être, par une étonnante contradiction, et comme pour neutraliser ses anciennes philippiques, mis au rang des panégyristes de ce dernier.

Il a dit de lui : « *Le bras qui fendit les rochers du Simplon pour tracer un chemin à notre gloire.* » — Et si, au contraire, c'eût été pour en tracer un à la mort !

« *Il n'est plus.* » — Ne lui donneriez-vous pas des regrets ?

« *Il favorisoit par son côté extraordinaire ce qu'il y avoit de grand....* » — Dans le mal ; et ce n'est guère ce que vous avez voulu faire entendre.

Mais le principe le plus faux et le plus dangereux qu'il puisse y avoir, après celui de la dégradation du pouvoir, le principe absolu de la liberté de la presse, à jamais, en faveur de tout le monde, et dans toutes les matières, pour le *Conservateur* de la monarchie comme pour la *Minerve* de la révolution, pour la *Quotidienne* comme pour le *Constitutionnel*, pour

M. de La Bourdonnaie comme pour M. Benjamin-Constant, est aussi le principe que M. de Châteaubriand, tout seul des grands écrivains du siècle et de tous les siècles (hormis les libéraux, c'est-à-dire, les sujets de la censure), envers et contre tous, malgré les évidences les plus éclatantes, proclame le plus, et semble placer sa gloire à proclamer et à obtenir.

Et encore quel talent il montre à traiter ce sujet ! Il déclare qu'*il a cent fois examiné à la tribune, qu'il a examiné cent fois dans ses ouvrages,* un sujet simple par lui-même comme tous les grands sujets, et qui n'a besoin que d'être examiné une fois, pour toutes. Il lui est arrivé, en dernier lieu, de vouloir le traiter *ex professo* dans une première brochure ; et dans une brochure suivante il vous dit *qu'il comptoit publier quelques autres écrits faisant suite à l'autre* : que n'attendoit-il donc, pour publier celui-ci, qu'il l'eût fini ?

Ne nous étonnons pas, au reste, de cette secrète affection de M. de Châteaubriand pour la liberté de la presse, et surtout pour celle des journaux. A quelques mois près, depuis vingt-cinq ans il n'a reçu des journaux que des éloges, et des critiques qui, pour qui l'entend bien, sont des éloges encore (1). Il n'y a pas long-temps encore ils ont dit de lui :

« La France n'en a qu'un, l'Europe n'en a pas. »

L'amour des journaux dans leur enfant gâté est excusable : c'est de la reconnoissance. « Il » parle de la république, dit le plus heureux, » ou plutôt le plus malheureux de ses disci- » ples (2), par un vieux culte pour les muses » auxquelles il doit sa grandeur. »

Si, après avoir examiné les opinions de M. de Châteaubriand, nous jetons les yeux sur son caractère d'homme et sa vie politique, nous ne trouvons rien de plus rassurant.

Il n'a pas fait une brochure ou un article de journal qui ne soit empreint d'orgueil.

_____

(1) Il le reconnoit lui-même d'une façon naive dans un article du *Conservateur* : « Objet d'une double attaque littéraire » et politique dans les journaux, que ne nous a-t-on point dit » depuis vingt ans ! Les gazettes de M. Fouché nous ont traités » comme celles de M. le comte Decazes : qu'en est-il résulté ? » l'on a fait lire un peu plus des ouvrages qu'on vouloit pro- » scrire. » Dans un autre endroit, M. de Châteaubriand dit que le nombre des pamphlets dirigés contre lui s'élève à plus de soixante : cela ne lui eût procuré que l'orgueil de le dire, ce seroit déjà quelque chose. Qui sait si M. de Châteaubriand ne placera pas notre écrit dans ces pamphlets ?

(2) M. de Salvandy.

Il fait perpétuellement (c'est lui qui parle) de petits écrits rapides, ouvrages de quelques heures, qu'il publie à la hâte (qui le presse ?) pour l'intérêt de la circonstance (pour le sien). Il *lui est pénible, déjà avancé dans la carrière, de rentrer dans des combats qui ont fatigué sa vie.* Et à qui la faute ?

Bonaparte disoit, comme on sait, *l'Europe et lui* : je ne sais si M. de Châteaubriand ne diroit pas : *moi et le monde.*

Il n'est personne qu'un homme modeste ne craigne : M. de Châteaubriand nous déclare *qu'il ne craint personne.* Il n'a pas écrit, depuis sa chute, un mot où ne se trouve sans fin le *génie* pour lui et la *médiocrité* pour ses adversaires : « *La puissance*, dit-il, *n'a rien de blessant quand elle marche avec le génie ; elle en est, pour ainsi dire, la compagne naturelle ; mais, quand la médiocrité arrive aux premières places, le pouvoir a dans ses mains toute l'insolence d'un parvenu.* » Le mot *génie* paroît singulièrement lui plaire : il y revient sans cesse dans les deux fameux articles des *Débats* où il a jeté son feu, lors de sa disgrâce. Ne diroit-on pas qu'il n'a entrepris *le Génie du Christianisme* que pour faire parade du sien ?

Ces jours-ci, on l'a vu rapporter dans son journal (car si les ministres ont des journaux pour se défendre, les chefs de l'opposition en ont aussi (1)), l'apologie que Bonaparte fait de lui; sans s'apercevoir que le motif de la louange étoit moins la conviction du talent de l'écrivain, que l'envie de faire valoir l'importance que l'écrivain avoit donnée au prisonnier de Sainte-Hélène. Nous louons ceux qui nous louent : c'est nous louer nous-mêmes (2).

(1) Comment osent-ils donc faire aux ministres du Roi de France un crime de favoriser, de payer même des journaux pour les défendre, lorsqu'ils en ont pour les attaquer? S'il y avoit un malheur à cela, celui d'un chef d'opposition seroit le plus grand; car il partage les produits de sa feuille; il s'y loue lui-même, tandis que le ministre ne reçoit rien de la sienne, et n'a pas le temps d'y rédiger lui-même son apologie.

(2) Voyez le *Journal des Débats* du 19 octobre dernier. *On n'a jamais contesté à Bonaparte*, dit-il, *le mérite d'avoir su juger les hommes........ Or voici ce qu'il a dit du personnage illustre à qui son génie......, l'éclat de sa réputation politique et littéraire avoient mérité la disgrâce constante de l'usurpateur....:* « Si Châteaubriand, qui venoit de rendre à Gand
» d'éminens services, avoit eu la direction des affaires, la
» France seroit sortie puissante et redoutée de ces deux grandes
» crises nationales Il avoit reçu de la nature le feu sacré: ses
» ouvrages l'attestent. Son style n'est pas celui de Racine, c'est
» celui du prophète. Il n'y a que lui au monde qui ait pu dire
» impunément... que *la redingotte grise et le chapeau de Na-*
» *poléon, placés au bout d'un bâton sur la côte de Brest, fe-*
» *roient courir l'Europe aux armes.* Si jamais il arrive aux

M. de Châteaubriand est pauvre, on n'a cessé de nous l'apprendre. Si cela est d'infortune ou de charité, il n'y a rien que d'hono-

» affaires, il est possible qu'il s'égare; mais ce qui est certain,
» c'est que tout ce qui est grand et national doit convenir à
» son génie, et qu'il eût repoussé avec indignation les actes
» infamans de l'administration d'alors: »

On n'a jamais, dites-vous, contesté à Bonaparte d'avoir su juger les hommes. — Oui, dans ses serviteurs qui apparemment étoient portés à croire à leur mérite. Le choix des hommes dans un souverain s'apprécie à la durée, aux bienfaits, à la gloire du souverain, et Bonaparte n'a rien eu de cela. Il a choisi en général des hommes foibles comme lui. Bonaparte et M. de Châteaubriand étoient tous les deux ambitieux, conquérans, et par conséquent despotes, seulement chacun dans leur genre. Ils avoient tous les deux la prétention de *fendre des rochers pour tracer des chemins à leur gloire.* Tous les deux ils avoient une sorte de *foi* à eux. Le poëte favori de Bonaparte étoit ce qu'il y avoit au monde de plus dévergondé, Ossian: M. de Châteaubriand, qui n'est pas étranger à ce genre, devoit naturellement être l'homme de Bonaparte. M. de Châteaubriand, de son côté, devoit faire l'apothéose ou creuser le tombeau de *l'homme du destin:* il a fait les deux; il a fait mieux, il a su les mêler ensemble. On peut penser que leur brouillerie ne fut jamais très-sérieuse: ils s'étoient aimés avant; ils s'aimèrent depuis. Ne diroit-on pas qu'ils s'aiment encore? Bonaparte, comme on sait, vouloit à toute force, et tout seul, décerner le fameux prix décennal au *Génie du Christianisme;* et depuis il voulut avoir son auteur pour collègue à *l'Institut.* Lorsqu'il a dit, en dernier lieu, que *tout ce qui étoit grand et national devoit convenir au génie de M. de Châteaubriand,* qui sait si ce n'étoit pas de lui, Bonaparte, qu'il vouloit parler? car ce petit despote n'avoit-il pas surtout la prétention d'être

rable. Mais comment se fait-il qu'un homme pauvre, et dont la condition politique exige une représentation considérable, destine le seul moyen de fortune qui lui reste, celui de ses travaux littéraires (à moins qu'il ne compte sur celui du ministère) au soulagement de l'humanité (1)? Le génie du christianisme fait sans

grand et national ? M. de Châteaubriand et Bonaparte eurent les mêmes conceptions, les mêmes vices; ils auront une fin pareille. La vraie religion, la vraie politique, la vraie littérature, fatiguées de l'état de souffrance où M. de Châteaubriand les a réduites, formeront à la fin une *sainte alliance*; elles retrouveront leurs forces désunies; le *Génie du Christianisme* et la *Monarchie selon la Charte* vaincus, seront mis à *l'index;* et leur auteur, *tombé de chute en chute,* ne se trouvera plus que sur un *trône académique,* hors d'état de tenter le plus petit 20 *mars* dans la littérature.

(1) « M. de Châteaubriand ramène Mme. de Châteaubriand,
» qui vient se mettre à la tête de l'infirmerie de Marie-Thé-
» rèse, établie par ses soins. Les pauvres femmes et les vieux
» prêtres ont témoigné, le jour de la fête de Marie-Thérèse,
» la plus grande joie du retour de leur bienfaitrice. On a sou-
» vent dit, dans les feuilles, que M. de Châteaubriand venoit
» de vendre ses ouvrages 400,000 francs. *Voici ce qui semble*
» (quelle franchise !) avoir donné lieu à cette nouvelle : Il y
» avoit auprès de l'infirmerie un terrain de 180,000 francs, sur
» lequel on se proposoit d'établir des jeux publics. Cette spé-
» culation auroit obligé à abandonner l'infirmerie. *On assure*
» que M. de Châteaubriand a racheté le terrain, et qu'il a
» trouvé un libraire qui lui avancera 180,000 francs, moyen-
» nant un travail qui sera livré à ce libraire à des époques
» déterminées. C'est faire un généreux usage du talent ; mais

doute un devoir de la bienfaisance; mais il en fait un aussi, et le premier, de l'existence; et la charité bien ordonnée commence, comme on dit, par elle-même. Et puis, s'il n'y avoit, dans l'annonce amphatique en question, que le secret désir de publier à la fois, et la célébrité d'un écrivain qui, dans une *carrière avancée,* trouve encore un libraire si libéral; et le devoir au *trésor public,* et même à la *liste civile,* de se subroger à la charge, et pas à l'honneur, de la charité; et surtout l'avantage au gouvernement de ravoir un ministre doué en même temps du cœur le plus généreux et du génie le plus sublime!

Voilà l'homme, voici le ministre.

Il se trouvoit dans le gouvernement un homme dont l'origine se perd dans les fondemens de la monarchie française; dont la race se confond avec celle des rois. Cet homme n'avoit commis qu'une faute, expiée par trente ans de vertus admirables, et il venoit de met-

---

» *nous voudrions, pour l'honneur de la France, que M. de*
» *Châteaubriand eût d'autres moyens de payer une si noble*
» *dette.* » (*Journal des Débats* du 21 octobre 1824.) Le dernier trait du journal peut être considéré comme le bout de l'oreille de l'âne.

tre à la reconnoître bien autrement de gloire qu'il n'avoit eu de malheur à la commettre (1). Un congrès mémorable avoit été pour lui un théâtre de noblesse, d'éloquence et de courage. Il étoit de plus l'ami particulier de M. de Châteaubriand.

Ce ministre vertueux revint à Paris. Il y couronna son dévoûment à la monarchie, par la démission spontanée et généreuse d'une fonction où il ne lui étoit pas possible de voir prédominer la justice politique.

Or c'est un ministre de cette trempe-là que M. de Châteaubriand est venu remplacer. Il faut avouer que, si M. de Châteaubriand étoit de bonne foi, il jouoit de malheur.

Voyons maintenant par quels actes il va racheter la défaveur de son entrée dans ces conseils, depuis si long-temps l'objet de ses vœux et de ses efforts.

(1) Il faut rapporter cette belle reconnoissance d'erreur; car elle peut être aussi utile à la patrie, qu'elle est honorable à M. de Montmorency : *S'il faut ne s'être jamais trompé pour servir utilement son Roi et son pays, j'aurois tort d'avoir cette noble ambition. Je devrois laisser les places à ceux qui ont une telle confiance.* On diroit que l'homme qui, au monde, avoit le plus lieu peut-être de se retirer devant une pareille offre, l'ait prise au mot.

Une guerre mémorable étoit devenue nécessaire, et devoit être glorieuse. Il ne s'agissoit rien moins, pour la France, que de relever un trône qu'elle avoit naguère abattu, de panser des plaies qu'elle avoit faites, de sauver à tout un grand peuple les maux les plus grands et les plus universels qu'il puisse avoir à souffrir, des masses livrées à elles-mêmes.

La raison d'une expédition de cette nature étoit le devoir politique imposé aux nations, comme aux individus, de s'entre-secourir. M. de Châteaubriand y a joint la *vente des mules* et même *des mulets de nos paysans d'une province limitrophe* (1) !

Le droit d'intervention pour un gouvernement dans les affaires intérieures d'un autre gouvernement est aussi sacré, parce qu'il est fondé sur le même besoin, que celui d'intervention dans ses *affaires extérieures;* il est même vrai de dire que les deux droits, dans le fond, ne sont que le même; et M. le ministre des affaires étrangères nous déclare nettement, dans le même discours, que *nul n'a*

---

(1) Il faut voir la période dans le discours même : elle est curieuse.

le droit d'intervenir dans les affaires intérieures d'un autre gouvernement.

Cela dit, l'éclat du discours oratoire (1) effacé, qu'a fait de mémorable M. de Châteaubriand dans son ministère ? l'Europe l'ignore.

Et toutefois il est venu le temps où le département des affaires étrangères, de tous les ministères, est celui qui présente à l'homme qui en est chargé le plus de beaux élémens à l'activité ainsi qu'au génie. Les nations européennes sont, plus qu'à aucune autre époque de l'histoire universelle, solidaires de doctrines, de caractères, de lois, de vertus et de crimes. Un peuple européen ne sauroit remuer, que les autres n'en soient troublés par contre-coup. La révolution surgit partout, du moment qu'elle a surgi quelque part. Et, au milieu de cette grande confédération de la chrétienté, la France a toujours eu la présidence ; toujours elle a été, à cet égard, scandale ou modèle.

D'un autre côté, les colonies américaines, immense foyer de liberté religieuse, et depuis quelque temps aspirantes à l'indépendance po-

(1) Je dis *oratoire*, mais improprement ; car cet homme qui nous a paru si grand dans ses écrits n'a pas reçu de la nature ou de l'art la puissance d'improviser un mot.

litique, semblent n'attendre que le moment de menacer leurs métropoles européennes, et de s'entendre pour cela avec le vieil Orient.

La révolte de l'Espagne, le depotisme de Constantinople, les maximes républicaines du ministère de la Grande-Bretagne, les hostiles prétentions du *Nouveau-Monde*, causes aussi effroyables qu'imminentes de calamités pour le genre humain, sollicitoient, de la part du gouvernement français, de grandes résolutions, des sacrifices généreux, et, en tous cas, de courageuses *doléances* et de graves déclarations de principes. M. de Châteaubriand a couru l'Europe et même le monde; il a conversé avec l'empereur de Russie, le Musulman du Kaire, le Grec d'Athènes, l'Américain de Philadelphie et le sauvage de la Louisiane, aussi bien qu'avec le Parisien civilisé; il a la prétention de savoir l'Europe, car il accuse un de ses anciens collègues de l'ignorer. Si l'on avoit lieu d'attendre quelque chose d'un homme d'Etat, c'étoit de lui. Et il est arrivé que l'illustre ministre des affaires étrangères s'est montré tout-à-fait étranger aux affaires. Il devoit pacifier l'univers, et il a fondé la *Société des bonnes lettres!*

Il étoit seul contre trois, que vouliez-vous qu'il fît? qu'il les ramenât par son génie, ou qu'il les délaissât par son héroisme! Un grand exemple lui avoit été donné. Il n'avoit pas craint de remplacer M.' le duc de Montmorency, et il n'a pas su l'imiter.

Il a nonchalamment attendu qu'on lui donnât l'*ordre* de s'en aller; il a, pour quelques mois encore, *condamné la France*, comme il avoit dit naguère que M. Decazes l'y avoit condamnée, *au tourment des fautes et au supplice de la médiocrité* (1). Il l'a trahie (ne voudroit-il pas la trahir encore?) car, et c'est encore lui qui parle, et je crois qu'il parle bien, l'*incapacité est une trahison* (2).

M. de Châteaubriand n'a fait que passer au ministère : ne seroit-ce pas seul, en thèse générale, une présomption de foiblesse? Il le pense dans ses *Réflexions politiques* (3) : « Un » homme absolument nul, dit-il, ne peut » occuper long-temps une première place » sous un gouvernement représentatif. La na- » tion est donc pour toujours à l'abri de ces

(1) *Conservateur*, tome VI.
(2) *Ibid.* tome V.
(3) Chap. XIV.

» ministres qui n'ont pour eux que l'intrigue, » et dont l'impéritie a perdu plus d'États que » les fautes même des rois. » Seulement M. de Châteaubriand ne peut jamais dire des vérités exactes : ce n'est pas seulement *dans les gouvernemens représentatifs que les hommes nuls ne sauroient occuper long-temps une première place*, c'est dans tous; et *l'impéritie des ministres*, que M. de Châteaubriand a l'air de distinguer des *fautes des rois*, en est véritablement la plus grande.

En résumé, M. de Châteaubriand est doué d'une imagination quelquefois brillante; c'est un littérateur hors ligne; il forme comme une transition littéraire, des déclamations philosophiques et démagogiques à la littérature, expression parfaite des vérités catholiques. Mais son temps s'en va passant, son utilité accomplie, sa mission (car nous avons tous une mission) achevée.

Il a pu concourir à la restauration de la religion et de la monarchie avec quelques écrivains vraiment orthodoxes : il ne le pourroit plus aujourd'hui. Je le prédis, et je ne crains pas de voir les faits contredire ma prévoyance. S'il y avoit aujourd'hui un journal vraiment catholique, même en littérature, M. de Châteaubriand pourroit tout au plus le servir de son nom. Ce que le *Conservateur* avoit à conquérir, nous l'avons et au-delà : aucune puissance humaine ne seroit capable de nous l'ôter. Et, s'il paroissoit aujourd'hui sur ses anciens *erremens,* il auroit pour abonnés les abonnés de la *Minerve.*

Les faits viennent déjà à l'appui de mon opinion sur ce point : tous ceux des écrivains catholiques, encore dans la force de l'âge et du talent, ont fait scission avec M. de Châteaubriand ; et, tandis que les journaux ou les écrivains royalistes modérés sont eux-mêmes devenus très-circonspects sur le *génie* de M. de Châteaubriand, chaque jour il est loué, et quelquefois porté aux nues, c'est-à-dire, dégradé par le *Courrier* de la révolution et son *Constitutionnel.*

Un homme dont les doctrines bien entendues sont subversives de la religion et de la *monarchie française* qu'il s'imagine pourtant défendre, et qui se trouve mis encore, par quelques lecteurs superficiels, au rang des écrivains royalistes, M. le comte de Montlozier enfin, fait un grand éloge du *Génie du Christia-*

nisme (1). Voulez-vous savoir pourquoi? le voici : « *Embarrassé de quelques faits extra-* » *ordinaires appartenant à la croyance des* » *Hébreux, ainsi que de quelques autres faits* » *du même genre lui appartenant en propre,* » *le christianisme avoit besoin surtout d'être* » *présenté avec grâce et avec ménagement*, etc. » Et, selon M. le comte de Montlozier, c'est ce que M. le vicomte de Châteaubriand a fait excellemment. Enfin l'écrivain incontesté du libéralisme, le seul auquel M. de Châteaubriand ait accordé *quelque talent* (car il ne faut pas que les libéraux comptent toujours sur des égards avec M. de Châteaubriand) (2), M. Benjamin Constant, qui l'appelle d'ailleurs et par reconnoissance *le premier de nos écrivains*, reconnoît que le *Génie du Christianisme* n'a peint que la partie rêveuse et mélancolique de ce senti-

(1) *De la Monarchie française depuis son établissement jusqu'à nos jours*, tome III, page 290 et suiv.

(2) Les tyrans littéraires procèdent comme les tyrans politiques : « Aujourd'hui, avant le succès, les mamelucks sont » jacobins, a dit M. de Châteaubriand lui-même dans son *Conservateur*; demain, après le succès, les jacobins deviendront » mamelucks. Sparte est pour l'instant du danger; Constantinople est pour celui du triomphe. » M. de Châteaubriand a trouvé juste là; il racontoit en partie son histoire.

ment

ment religieux, dont il a prétendu à son tour nous donner l'*histoire*, et qu'il a la stupide et révoltante prétention de mettre à la place de l'autorité catholique.

L'impuissance de M. de Châteaubriand dans l'Etat me paroît aller, à l'égal de son insuffisance dans les lettres. Au plus, il auroit pu le ministère de M. Decazes, que dans le temps il combattoit ; il ne pourroit plus celui d'aujourd'hui sans compromettre la monarchie. Le seul département qui conviendroit à son talent seroit celui qui ne conviendroit pas à son ambition, *la maison du Roi :* il auroit les *beaux-arts* et les théâtres à protéger.

M. de Châteaubriand aussi a renoncé, à ce qu'il paroît, au danger de parler *ex professo* sur les matières, et à tout le monde. C'est sous la forme, et sans doute dans le langage familier et modeste de l'*épître* et d'épîtres à un ami, qu'il va désormais écrire. Il annonce *une suite de lettres à un pair de France sur la politique*. On ne peut voir là que de ces nouveaux *petits rapides ouvrages de quelques heures*, qu'il publie à la hâte, et pour l'intérêt de la circonstance. M. de Châteaubriand va continuer ainsi ses précédens d'orgueil, d'erreurs et de calamités.

On le lira sans doute; je le lirai moi-même, ne fût-ce que *pour voir;* mais il cessera de faire envie, il ne fera plus que pitié.

Du reste, quel tort pourroit faire à l'Etat de la politique aussi décousue, aussi personnelle, aussi intéressée et vindicative que l'est à présent, et que le sera désormais la sienne? Je ne voudrois, pour paralyser les nouveaux combats, pour tuer les nouveaux écrits de M. de Châteaubriand, que le fameux *marché* qu'il est venu sottement nous révéler dans le *Journal des Débats* du 21 octobre, *de livrer, et à des époques déterminées,* que la verve soit ou non en haleine, *des travaux*, moyennant salaire de 180,000 francs. Ainsi, et lorsque M. de Châteaubriand va nous *livrer* indiscrètement les *lettres* qu'il écrit à son ami, il est entendu d'avance que ce ne sera point dans l'intérêt de l'Etat qu'il agira, mais dans celui de l'*Infirmerie de Marie-Thérèse*, ou plutôt dans l'intérêt de son *libraire*, et dans le sien propre. Il ne s'agit plus d'un devoir spontané et gratuit, mais d'un *engagement* obligatoire, même par *corps*. Quand le facteur aura apporté les *lettres*, et que nous les lirons, nous aurons égard à cela. Plût à Dieu qu'après avoir lu les *lettres politiques,* il ne nous arrive pas de me lui permettre désormais en ce genre que la *conversation.*

Au reste, M. de Châteaubriand semble avoir lui-même le sentiment de ce que je pense de lui et de ce que je lui présage : *Ma destinée*, dit-il, *est d'être toujours du côté des battus et des malheureux* (1). C'est un malheur du cœur humain d'oublier toujours ce qu'il a, pour ne voir et ne désirer que ce qui lui manque. M. de Châteaubriand, de l'*Essai sur les révolutions*, qui n'est vraiment, s'il étoit lisible, qu'un *essai à l'usage des révolutions*, s'est élevé, à certaines pages, du *Génie du Christianisme*, aux intéressans romans d'*Atala* et de *René*, au poème des *Martyrs*, au récit sur la *Vendée* (2). D'un état de médiocrité et même de besoin, il est parvenu, et sans en avoir jamais eu l'espérance (car il ne demandoit à un libraire, qui encore le lui refusa, que 1,200 francs du manuscrit de son *Génie du Christianisme*), à la capacité pécuniaire de doter des établissemens de charité de plusieurs centaines de mille liv. D'une

(1) Préface des *Mélanges*.
(2) C'est, selon moi, l'Œuvre la moins imparfaite de M. de Châteaubriand.

condition médiocre, il a été promu à la pairie, aux conscils, et même à l'amitié des rois : à moins d'aspirer à la royauté elle-même, ne doit-il pas se trouver satisfait ?

M. de Châteaubriand, comme homme, comme ministre, comme publiciste, comme littérateur même, n'a rien de supérieur. A quoi faut-il donc attribuer son ancienne et même sa nouvelle renommée, encore si grande qu'elle fait peur à tous les journaux, aux plus ministériels aussi bien qu'aux plus indépendans, et peut-être même à M. de Villèle et à la cour ? Il faut l'attribuer, avant tout, à la foiblesse où les esprits se trouvent naturellement à la sortie des troubles. Lorsque les peuples tout entiers sont encore dans l'aveuglement ; lorsque, pour employer l'expression de M. de Bonald, *il a fait nuit dans la société*, ce n'est pas aux écrivains vraiment profonds qu'il est donné de se faire entendre, c'est aux petits, à la seule condition qu'ils soient bizarres : en sorte que la sottise qui, en autre cas, est une cause d'obscurité, en est alors une d'éclat. A cette cause générale de la fortune de M. de Châteaubriand, s'en joignent d'accessoires que nous avons déjà indiquées, et qui sont aussi des puissances.

Cette *Biographie des Contemporains*, et jusqu'à celle des *Hommes vivans* qui omettent les noms de MM. de La Mennais, de Haller, etc., et qui vantent, jusqu'au ridicule, la *vie et les ouvrages* des hommes les plus médiocres et les plus dangereux, ont tracé le portrait de M. de Châteaubriand comme il eût pu le tracer lui-même.

Ce *Journal des Débats*, qui s'efforce d'oublier les ouvrages qui n'ont pas d'organes, ou de déconsidérer ceux qui en ont obtenu d'autres, ce journal *de la monarchie* et de la *légitimité*, qui, de nos jours, n'a pas daigné annoncer seulement à ses lecteurs trompés le titre de l'ouvrage que nous avons publié en faveur des plus magnifiques *victimes* de la révolution (1); cette feuille qui s'est montrée si *indifférente*, ou plutôt si *injuste*, envers les ouvrages de M. de Haller ou de M. l'abbé de la Mennais, en même temps qu'elle élève à la place du génie, dans des articles quelquefois dignes des ouvrages (2), des livres insignifians et des

(1) Je cite, entre cent autres, un fait qui m'est personnel, afin qu'on puisse le mettre en ligne de compte dans le jugement qu'on portera sur mon jugement.

(2) M. le comte O'Mahony a publié une brochure remarquable, presque toute des impiétés du *Journal des Débats*.

œuvres patentes d'irréligion et de démocratie ; cette même feuille a semblé, depuis vingt ans, se consacrer à l'apothéose, et depuis quelques années à la fortune de M. de Châteaubriand. On diroit qu'elle ait aussi fait avec lui un traité. L'écrivain a stipulé pour chaque matin le *génie* et la gloire : on ignore ce que le journal a stipulé en échange, à moins que ce ne soit le *conseil d'Etat* ou le *Trésor*; car son propriétaire, pendant le ministère de l'écrivain, a mis le pied dans l'un et la main dans l'autre.

Or, toute la génération actuelle, celle qui occupe les places et les honneurs, celle en un mot qui compte, a été élevée dans ces préjugés de génie de M. de Châteaubriand : elle ne lit plus aujourd'hui pour en rire ces fameux ouvrages qu'elle a lus dans le temps pour s'en édifier. Alors même que nous nous piquons le plus de volonté, il n'y a rien de plus docile que nous : nous sommes portés à trouver admirable tout ce qu'on nous a signalé comme l'étant; et lorsqu'une fois le pli est pris, l'orgueil s'en mêle, et l'opinion, quelque absurde qu'elle soit, demeure. Est-il donc si étonnant que la réputation de M. de Châteaubriand ait duré quelques années et dure encore ?

Nous avons jugé, et quoique sévèrement, avec impartialité, nous osons le dire, l'accusateur public du ministère, comme écrivain et comme homme d'Etat, et nous avons fait voir qu'il étoit loin de cette supériorité d'esprit qui donne le privilége de l'infaillibilité. Il nous reste à le considérer dans sa position particulière à l'égard de ses adversaires : c'est ici, nous osons le dire, que nous ferons sentir son impuissance à les juger avec justice.

M. de Châteaubriand venoit d'éprouver des contrariétés de toutes sortes dans le ministère. Cet homme, dans le cœur duquel une foule de flatteurs (car la célébrité littéraire est exposée à cette gent dépravatrice aussi bien que le pouvoir et par la même raison) avoient nourri la prétention du génie, dut éprouver des mécomptes cruels, lorsqu'en entrant au ministère, où il s'étoit moins imaginé pénétrer dans un *conseil* d'égaux que dans une société, et peut-être une école d'admirateurs, il trouva des hommes qui, à tort ou à raison (ce n'est pas ce dont il s'agit ici), voulurent compter.

On assure qu'impatient de son défaut d'influence dans les conseils, il avoit fini par y rester muet, et même par n'y plus paroître.

Et c'est dans ces entrefaites que celui qui se croyoit *l'homme européen,* qui pensoit avoir autant concouru à la déchéance de Bonaparte par quelques pages préméditées d'éloquence, que les rois unis avec un million de soldats; et qui récemment nous avoit raconté ses *causeries* avec le roi de *huit cent mille hommes armés,* a reçu, à son entrée de grand dignitaire dans le château, *l'ordre* de s'en retourner chez lui, et la nouvelle de sa déchéance.

Si jamais un petit esprit dut se trouver étourdi, un grand cœur blessé, ce fut certainement alors.

Comment M. de Châteaubriand eût-il été capable de se trouver, en un moment, et en celui-là, homme d'Etat pour juger ses collègues, pour juger son roi, pour juger la France, pour se juger lui-même ? à peine il dut avoir des forces pour exister. Racine, qui avoit plus de talent sans contredit, et plus de piété que M. de Châteaubriand (1), trouva une cause de mort dans un procédé beaucoup moins cruel.

La condition *sine quâ non* de la sagesse, c'est

(1) Il se faisoit, chez Jean Racine, des processions de famille où il faisoit office de porte-croix, ses filles de clergé, et Louis de pasteur.

l'absence du ressentiment ; car l'esprit le plus fort est toujours la dupe du cœur. La Providence, qui a des moyens admirables de montrer à l'homme la vérité, lui a fait voir son impuissance à juger bien, lorsqu'il a été blessé dans son orgueil : elle a frappé d'aveuglement son intelligence. Cette vérité-là est si claire qu'on la trouve dans la *fable* aussi bien que dans le christianisme; et ce bon La Fontaine, dont, selon M. de Châteaubriand, *l'instinct étoit du génie*, recommande aux hommes de n'oublier jamais de mettre *entre la colère et l'orage qui la suit, l'intervalle d'une nuit*.

M. de Châteaubriand, qui, ce semble, devoit savoir cela mieux que personne, l'a violé d'une façon jusqu'alors inouïe.

Il venoit d'être jugé par tous ses collègues réunis : la preuve en est qu'ils sont restés au conseil depuis. Il venoit d'être jugé par celui auquel il étoit redevable de la plus flatteuse de ses élévations, son élévation politique ; par son roi enfin (car à quoi bon, plaçant toujours au lieu de la vérité la fiction, mettre sur le compte de ces malheureux ministres ce qui n'appartient évidemment qu'au souverain). Si quelque chose est le fait de celui-ci, c'est assurément la nomination ou le changement d'un ministre.

Il y avoit là cent fois plus de raison qu'il n'en falloit à M. de Châteaubriand de croire juste, et en tout cas de respecter la volonté de son maître; s'en référant au reste, pour la décision en dernier ressort, à la réflexion des hommes sages, et à l'incorruptible justice du temps.

Au lieu de cela, qu'a fait M. de Châteaubriand? il s'est renfermé dans son cabinet, et, dédaignant la plume sévère, et quelquefois éloquente, avec laquelle il avoit écrit des pages dans le *Génie du Christianisme*, il a écrit, et même, comme il n'a pas craint de le dire, *signé à toutes les pages* des phrases grosses d'orgueil, des doctrines toutes pleines d'erreurs, des plaintes et des accusations toutes vives de ressentiment, et quelquefois de calomnie. Sous le prétexte de signaler quelques fautes légères d'un ministère dont il avoit lui-même fait partie, et qu'il n'avoit pas demandé de quitter, il n'a pas craint de faire au fond la satyre de son auguste bienfaiteur (1).

Il reproche à ses anciens collègues de n'a-

(1) Voyez les articles du *Journal des Débats* des 29 juin et 6 juillet.

voir pas, ce que sans doute il croit avoir lui-même, et ce qu'il appelle, dans son langage prétentieux et faux, la *domination du génie....*, *le génie dans les choses sérieuses et le génie dans les choses de grâces.*

« *Les fautes seront toujours commises,* dit-
» il, *quand on voudra transformer les hommes*
» *d'affaires en hommes d'État.* » Il faut sans doute redouter *les hommes d'affaires dans le gouvernement,* mais il faut, selon moi, redouter plus encore les *hommes de lettres*; car, si les premiers sont minutieux, les autres sont vains ; et après tout, et toutes choses égales, je préfère les scrupules à l'orgueil (1).

() M. de Chateaubriand, qui, dès le temps de ses premiers succès, songeoit, à ce qu'il paroît, au ministère, prévit et voulut réfuter la terrible objection de l'incapacité des hommes de lettres comme hommes d'État. Il dit de cette objection dans le *Mercure*: « C'est un sophisme démenti par l'expérience. Les
» deux plus grands hommes d'État de l'antiquité, Démosthènes
» et Cicéron, étoient deux véritables *hommes de lettres*. » — Non, c'étoient des publicistes, ce qui est sans doute très-différent. — « *Il n'y a peut-être jamais eu de plus beaux génies*
» *littéraires que César, et il paroît que ce fils d'Anchise et*
» *de Vénus entendoit assez bien les affaires.* » — L'exemple de César est encore plus mal choisi que ceux de Démosthènes et de Cicéron; car sa littérature étoit toute positive : il *écrivoit* comme il avoit *fait*, et, pour mieux dire encore, ce qu'il avoit fait. Ce n'est sans doute pas la prétention que vous avez,

Les vieilles et puériles inconséquences de M. de Châteaubriand dans son *Génie du Chris-*

vous ? — « *On peut citer en Angleterre Thomas Morus, Cla-* » *rendon, Bacon, Bolingbrocke.* » Clarendon et Bacon avoient aussi une littérature toute de fait ou de droit. Thomas Morus même, dans son *Utopie*, dont beaucoup parlent et que peu connoissent, n'exprimoit encore que de la politique et très-fort applicable. Quant à Bolingbroke, il faut rejeter net son exemple, par la même raison que celui de M. de Châteaubriand : il avoit sa philosophie et fut aussi mauvais ministre que lui. — « *En France, l'Hôpital, Lamoignon, d'Aguesseau, Males-* » *herbe, et la plupart de nos premiers ministres tirés de l'É-* » *glise.* » Si le chancelier l'Hôpital fit des vers, avec son *air de saint Jérôme*, il fut aussi peut-être le vrai fondateur de cette politique de bascule dont M. de Châteaubriand est un des héritiers ; et, tout foible qu'il étoit, il étoit orgueilleux comme lui. Il avoit pris pour devise : *Si fractus illabatur orbis*, etc. L'exemple de d'Aguesseau ne sauroit plus servir à M. de Châteaubriand, par une raison particulière que nous verrons dans un instant. Restent MM. de Lamoignon et les évêques : ceux-ci, qui savoient les conditions de la monarchie, ne *paganisèrent* pas, j'imagine, *le christianisme*. Lamoignon, qui savoit rendre la justice, en avoit la littérature dans ses *arrêtés* ; et si l'on a ouï dire qu'il aimoit les gens de lettres, on n'a pas ouï dire qu'il le fût. Quant à Malesherbe, il passa sa vie à favoriser les philosophes ou à l'être. Ses *Remontrances*, beaucoup trop vantées, furent presque toujours funestes ou intempestives. Il toléra, comme directeur de la librairie, cette fatale liberté de la presse qui perdit la monarchie. Il ne fut ni homme de lettres, ni homme d'affaires, ni homme d'Etat. Il fut grand homme, il est vrai, mais ce ne fut qu'à ses dernières années, et surtout à sa mort. Ce n'est que là aussi que M. de Châteaubriand, qui est, je crois, de sa famille, devra l'imiter.

tianisme, sur la littérature ou la métaphysique, on les retrouve dans ses derniers articles. Il accole *Voltaire à Fénélon*. Il parle d'une *nouvelle ère qui commence pour les peuples*, et qui est de sa création. Il a l'air de regretter, sous ces Bourbons qui lui ont tout donné, ce Bonaparte *qui favorisoit*, selon lui, *par son côté extraordinaire* cette ère nouvelle.

Et cette ère nouvelle, il paroît que c'est *l'opinion publique*, toute vieille qu'elle puisse nous paroître; car il en fait une puissance supérieure aux ministères, supérieure même aux rois. Il les en menace tous ensemble, et comme s'il étoit lui-même, et tout seul, supérieur à elle. « *Dans une monarchie constitu-* » *tionnelle*, dit-il, *on ménage l'opinion publi-* » *que, on la regarde comme la puissance qui* » *fait et défait les ministres*..... « *L'opinion* » *publique*, ajoute-t-il, en s'adressant à ses » anciens collègues (et cette opinion, selon » lui, ceux-là sont *athées en politique qui n'y* » *croient pas*), *étendra sur votre tête sa main* » *redoutable, elle vous jettera à votre porte,* » *où vous attend un public inexorable.* » Mais quoi! on se perd dans ces nouvelles puissances de M. de Châteaubriand : on s'imaginoit que la plus grande de toutes étoit *l'opinion publique qui jette les gens à leur porte;* et me voilà-t-il pas qu'il y a encore là une autre force qui n'est pas moins à craindre, *un public inexorable ?*

Vous menacez vos collègues d'être *jetés à leur porte;* cela ne vous sied pas dans un moment où vous venez vous-même d'être *jeté à la vôtre :* il y a trop d'air de ressentiment. Mais après tout, s'il y a une fausse, une funeste *opinion publique* (et c'est, selon moi, la seule que vous puissiez avoir vis à vis de vos collègues), il y en a une véritable, parce qu'elle est fondée sur l'autorité légitime, et celle-là qui ne vous a pas défendu à votre sortie du ministère ne vous défendra jamais pour y rentrer.

« *Voulez-vous réussir dans le gouvernement* » *des Etats* (dit M. de Châteaubriand dans » son exorde) ? *étudiez le génie des peuples :* » *pour toute science favorisez ce génie.* » Le moyen de gouvernement est précisément le contraire : *le génie des peuples, l'opinion publique, le génie de la France* (car tout cela est synonyme dans l'argot révolutionnaire), ne doivent pas se suivre, mais se faire; et si vous, M. de Châteaubriand, avez récemment manqué le gouvernement, c'est que vous avez voulu *suivre* ce qu'il vous falloit ordonner, et *ménager la puissance* qu'il vous falloit attaquer de front (1).

Aux graves erreurs de philosophie et de gouvernement, vous joignez, en vos fameux *articles*, de l'audace dans certaines de vos assertions, et de la niaiserie dans vos dires ou dans vos accusations.

Alors même que vous pensiez vous occuper d'histoire, et même d'*histoire de France*, de philosophie et de *christianisme*, vous n'avez, je ne crains pas de vous le dire, jamais eu que le génie de la poésie et du roman. S'il y a au monde un livre que vous n'ayez point, je ne dirai pas lu et entendu, mais seulement ouvert, c'est assurément l'in-4°. contenant les *procès-verbaux* des conférences sur l'ordonnance de 1667 relative à la *procédure civile*:

---

(1) Cette malheureuse pensée politique de la puissance, disons-le, de la souveraineté, de la *royauté* de l'opinion, paroît être la pensée fondamentale, la marotte de M. de Châteaubriand. Il n'est pas une de ses brochures qui ne la rende ou ne la suppose à tout moment. Dans la première de celles contre la *censure* de cette opinion effrayante : « *Et c'est avec cela,* » s'écrie-t-il, *qu'on prétendroit mener la France, contrarier* » *le mouvement de la société et des siècles !* » — Oui, et sous peine de mort pour la France et pour la société.

et pourtant n'avez-vous pas eu la témérité de les citer à vos collègues comme des *modèles*, apparemment dont ils s'étoient écartés, *de la plus libre et la plus savante discussion ?*

En preuve de la *médiocrité*, de l'*incapacité* du ministère dont vous ne faisiez plus partie, vous avez dit qu'*après huit mois la première pierre de l'arc de triomphe* qu'on doit élever à l'honneur de l'armée d'Espagne *n'étoit pas encore posée !* — oubliant que les Français couroient bien après la gloire, mais pas après les récompenses.

Dans la difficulté enfin de faire des reproches d'Etat à vos collègues, vous leur en avez fait un *de police* : vous vous êtes plaint de n'avoir pas libre *le passage des voitures !* — Seroit-ce par hasard que la vôtre eût été arrêtée, à votre retour des Tuileries, le *6 juin ?* Alors vous étiez si pressé d'exprimer vos ressentimens que le plus léger retard dut vous irriter !

Quel cas peut-on faire, après tout, de la politique et de l'intelligence d'un royaliste qui veut *favoriser* ce que favorisoit Bonaparte, et qui ignore jusqu'au *nom* de cette *puissance* qu'il veut à toute force suivre et *favoriser,* puisqu'il ne sait l'appeler qu'un je ne sais quoi

quoi de grand ET D'INCONNU DANS L'ESPRIT DES TEMPS (1)!!!

Ce n'étoit pas avec des plaintes aussi amères, des sentimens aussi violens, des doctrines aussi dangereuses, des niaiseries aussi ridicules, d'aussi orgueilleuses prétentions que le vertueux d'Aguesseau recevoit jadis, pour prix de sa résistance au système de Law, les *ordres* d'exil d'un régent corrupteur. Fresne ne devint point un théâtre d'intrigues, mais un asile d'études, de piété, de résignation; et son illustre exilé, aussi rappelé avec gloire à la charge de procureur général, fut élevé ensuite à celle de garde des sceaux. Sans aller si loin, M. le duc de Bellune, qui avoit pour lui bien plus que des livres, puisqu'il étoit monté sur des victoires, exclu aussi du ministère dont M. de Châteaubriant étoit membre, sut se défendre et n'accuser pas.

Cependant *le Roi*, dont M. de Châteaubriand venoit de fronder le gouvernement, *est mort*. M. de Châteaubriand crie, sans le soin de dire un seul mot pour le prouver, *vive le Roi!* Là-dessus, Charles X, qui est bon, et tient plus

(1) Toujours dans les *Débats* du 6 juillet.

de compte de la bonne volonté que du talent, lui fait offrir une pension de 10,000 francs. M. de Châteaubriand la refuse : c'étoit à la fois de l'ingratitude et de la révolte. Je veux que M. de Châteaubriand ne se soit pas crû digne de la grâce : le Roi l'en croyoit, cela devoit suffire. Mais à quoi bon chercher de l'humilité là où il n'y a que de l'orgueil ? Ce n'étoit pas une pension qu'il falloit à celui qui dote si richement des établissemens de charité, c'étoit un ministère. On diroit que le sujet ait laissé entendre au Roi : Vous refusez de m'élever au ministère; en vous refusant, à mon tour, la pension seulement à laquelle il vous plaît de me réduire, je m'élèverai au-dessus de vous-même. En effet, rejeter la grâce d'un Roi, c'est se placer plus haut que lui.

Qu'est-il arrivé aussi des colères de M. de Châteaubriand contre le pouvoir ? ce qu'il arrive toujours, lorsqu'entre les déclamations et leur jugement il est possible de placer un délai. L'orgueil s'est lui-même trahi; le masque est tombé, et le héros s'est évanoui ; et je ne crois pas exagéré de dire que le ministère a gagné en proportion de ce qu'on vouloit lui prendre, et que les injustes attaques dont il a été l'objet l'ont raffermi. Il n'est pas donné à l'homme de faire un mal à son semblable ; qui ne soit pour celui-ci un moyen d'expiation et un principe de force.

Il ne restera des derniers écrits de M. de Châteaubriand que les grâces qu'il a rendues au Roi et les espérances qu'il a exprimées de son règne ; car ce n'est que pour cela qu'il a été l'organe de la véritable opinion publique. Et encore, s'il a été son organe, il n'a point été son mandataire ; elle ne charge de louer les rois, et les grands rois eux-mêmes n'aiment dans leurs courtisans, que ceux qui sont incapables de les tromper ; et, je ne crains pas de le dire, M. de Châteaubriand défend, et aujourd'hui mieux que jamais, la monarchie comme ses ennemis voudroient qu'on l'attaquât.

Du reste, avons-nous voulu blesser M. de Châteaubriand ? à Dieu ne plaise ! nous n'avons voulu que défendre la monarchie, et par elle la Charte et la liberté. Lorsqu'il n'est pas possible de défendre les choses sans attaquer les personnes, si les personnes se fâchent, ce n'est pas la faute de l'écrivain, mais la leur. M. de Châteaubriand a fait le mal, il l'a *signé* en tête de ses écrits ou bien *au bas de toutes ses pages.* Il l'a rendu plus dangereux en le colorant d'anciens services, d'une façon quelquefois originale de style, d'un nom célèbre, d'une grande autorité, quoique usurpée.

M. de Châteaubriand enfin est devenu tout-puissant pour le mal; car, que sais-je? ses brochures de *Gouvernement représentatif*, de *Charte*, de *Libertés* mal entendues, affichées sur les murailles de l'imprimerie de Lenormand, feroient peut-être au besoin *courir l'Europe aux armes*, comme *la veste et le chapeau de Bonaparte au bout d'un bâton sur la côte de Brest*.

S'il y avoit aujourd'hui un grand devoir, c'étoit d'attaquer M. de Châteaubriand.

En résumé, il a fait dans le temps quelque bien: *il n'y a plus, aujourd'hui, en politique, que le mal en sa puissance*. Ce n'est plus du salut de l'Etat qu'il doit s'occuper, mais du sien.

M. de Salvandy a tous les défauts de son maître, et davantage encore; car c'est un malheur attaché aux fausses écoles de toujours s'en aller dégénérant.

Il n'est pas d'erreurs religieuses, politiques et même morales, qu'on ne retrouve dans les seules petites brochures qu'il vient de publier contre le ministère : que seroit-ce, si j'avois le courage d'extraire le venin de ses quatre gros in-8°, de l'*Alonzo d'Espagne*, etc. ?

Il paroît, comme M. de Montlozier, des *prétendus Royalistes de ces derniers temps*, tout rejeter du système catholique et peut-être chrétien, souverain pontificat, religieux, missionnaires, jésuites, clergé, culte, études même théologiques, et que sais-je ? Je ne dis rien que je n'aille prouver.

« *Rome !* il est temps de prononcer ce mot : » là, nous dit-il, est votre point d'appui (p. 24) ». — Où est votre appui à vous ? En vous-même. Et vous aussi, vous dites :

« Rome n'est plus dans Rome, elle est toute où je suis. »

C'est, il faut l'avouer, une singulière chose, lorsqu'on est *égoïste*, de faire aux autres un crime de leur humilité.

« Le ministère a autorisé en trois ans la » résurrection de plus de *monastères* que la » révolution en trente ans n'enfanta d'ate- » liers (pag. 23) ». — Vous, qui prêchez la liberté, voulez-vous empêcher celui ou celle qui a le goût de la solitude et de la prière de s'y livrer ?

« Pourquoi les *missions* ont-elles sillonné
» nos provinces (pag. 35) » ? — Pour seconder les pasteurs surchargés, pour remuer les cœurs assoupis.

« La société des *jésuites*, qui de temps en
» temps poignarde les rois (pag. 29) ». — La calomnie, comme on sait, ne répond pas, elle redit.

« Qui a livré les jeunes générations au *sa-*
» *cerdoce*, peuplé nos départemens de petits
» séminaires où le fanatisme grandit pour ré-
» genter la France (pag. 23) » ? — La liberté.

« On a étendu d'un bout de la France à
» l'autre des *processions* (pag. 36) ». — Eh quel mal ! votre maître en a fait une brillante apologie.

« Il y a quatre ans, la presse avoit encore
» plus à gémir pour fournir à la jeunesse, dans
» la politique, des sujets d'études qu'aujour-
» d'hui, pour multiplier les *livres de théolo-*
» *gie* (pag. 51) ». — De quoi vous plaignez-vous encore ? Vous *multipliez* le poison, il faut bien multiplier l'antidote.

Vous parlez enfin à chaque instant de *superstition*, de *fanatisme*, etc. (pag. 20). —

Nous le savons; les philosophes du siècle dernier donnoient à la religion ce nom.

Vous vous trompez sur les grandes vérités, il faut bien que vous vous trompiez sur les autres.

Vous ne voyez que des *torts* dans les plus grands crimes qu'il soit laissé aux hommes de commettre, dans les crimes de la révolution. Vous faites mieux, vous parlez aussi, et perpétuellement, de ses *bienfaits;* et vous engagez *la monarchie à les revendiquer même comme son apanage* (*Nouveau Règne*). Vous en citez un de ces bienfaits,.... *l'inviolabilité des rois :* « Elle » *n'est proclamée sans contestation,* dites-vous, » *que depuis le règne des idées constitution-* » *nelles* (*Ministère et la France,* pag. 107). » — Vous auriez pu prouver cela en effet par le 21 janvier 93.

La censure, que je regarde comme l'une des plus belles garanties de la liberté, est, selon vous, *une loi d'esclavage* (*Le Nouveau Règne,* page 8). — On avoit lieu de s'y attendre.

Vous faites une des plus grandes *conditions* du gouvernement, du plus grand moyen de désorganisation qu'il puisse y avoir, de *l'impartialité* (chapitre *ad hoc* dans *la France et le Ministère*). — Il y a dans la société des ignorans et des hommes éclairés, des bons et des méchans; et vous voulez qu'on les traite *avec impartialité*, c'est-à-dire, également !

Vous demandez *près du trône des représentans de tous les intérêts* (*Nouveau Règne*, conclusion), même de l'intérêt des régicides? — Cela pourroit faciliter *l'inviolabilité des rois* dont vous parliez tout à l'heure.

Vous voulez que, *impérissable comme la société, la royauté ait pour instrument un pouvoir ministériel mobile comme l'opinion* (ibid, Conclusion). — Ce seroit le moyen de n'en conserver jamais.

Vos sentimens sur la justice et la dignité royale ne sont pas plus politiques que vos sentimens sur le pouvoir : vous demandez un roi *populaire*. « *La popularité qui achève les révo-
» lutions ne ressemble pas*, dites-vous, *à celle
» qui les commence.* » — Sans doute; mais vous demandez celle-ci : …. que nous importe que vous la preniez pour l'autre ?

La perseverance dans la justice est la vraie popularité des rois; et pourtant vous faites cette allocution à Charles X en faveur des meurtriers de son frère :

« *Qu'ils rentrent, grand Dieu! ceux par qui Louis XVI fut envoyé à la mort! qu'ils cessent d'errer loin de nos frontières, pour entretenir l'Europe de nos malheurs et de nos crimes..... »* — Il falloit ajouter : *et de nos justices*. Et quel mal qu'elle soit *entretenue de nos crimes?* elle sera apprise à les éviter.

« *Que verroient-ils parmi nous? la monarchie plus près de la liberté que la convention* ». — Et si cela n'étoit qu'à cause de leur absence !

« *Charles X reprenant l'œuvre de Louis XVI, comme si le régicide ne l'avoit pas interrompue* ». — Quelles abstractions vous faites, grand Dieu !

« *Ce spectacle frapperoit leur ame plus que les douleurs de l'exil* ». — Je le veux; mais aussi *le spectacle des régicides frapperoit l'ame de Charles X !* préféreriez-vous cela?

« Et l'exécuteur testamentaire de Louis imiteroit la miséricorde divine, aux yeux de laquelle il n'est pas de vie si coupable que ne l'expie un jour de repentir. » — Aveugle que vous êtes! en donnant à l'homme la puissance de pardonner au repentir, vous avez omis de lui donner, comme à la Providence, la puissance de le connoître!

« La sagesse empêche les complots d'éclore » et la clémence les empêche de renaître (*Mi-* » *nistère et France*, pag. 13). » ⎯ Oui, lorsqu'elle a été précédée de la justice. Le bannissement des régicides est le *seul* jugement que la monarchie ait prononcé sur la révolution ; si vous le cassez, la révolution est réhabilitée.

Voilà vos systèmes, voici vos simplicités et même vos ridicules. Alors même que vous ne cessez, vous et les vôtres, de combattre et par conséquent de craindre, vous écrivez que *les partis ont cessé de se combattre aussi bien que de se redouter* (*Nouveau Règne*, pag. 23). Vous cherchez à jeter de l'intérêt sur un *huissier*, en le représentant *impitoyablement arraché à l'ombre du toit obscur où une famille entière vit du produit de ses exploits.* (*Ministère et France*, pag. 13), et sur des régicides relaps *errant loin de la patrie*. Associant ignoblement les pensées les plus contraires, vous ne craignez pas de sacrifier la royale dignité de Charles X au plaisir d'un calembourg (1).

Après tout, M. de Salvandy joint au malheur de la foiblesse en politique celle de la prévention. Il nous suffiroit, pour effacer d'un coup ses brochures contre le ministère, d'ajouter à son nom la qualification qu'il a eu la naïveté de prendre dans sa lettre de justification à la *Gazette de France*, celle de *maître des requêtes honoraire*. M. de Salvandy est de ces hommes qui, n'ayant d'autre foi que leur intérêt, se font ce que leur intérêt se fait. Maître des requêtes *honoraire*, il est aujourd'hui opposant et libéral; il dit du ministère : « *Qu'il abdique, car faire le mal est la seule* » *chose qui soit en sa puissance* ». Qu'on le fasse *conseiller d'Etat en service ordinaire*, il deviendra ministériel et même jésuite. J'en donne la preuve : il est dans le ministère à présent un ecclésiastique célèbre et vertueux, et qui certainement ne signeroit pas une seule des opinions religieuses ou même politiques de M. de Salvandy. L'écrivain a pensé

---

(1) « *Le Roi*, dit M. de Salvandy, *est en coquetterie avec* » *la France; il en viendra à son honneur.* » *(Le Nouv. Règne,* page 8.)

qu'en élevant cet ecclésiastique au ministère, M. de *Villèle avoit nommé son successeur* (*La France et le Ministère*) : et ne voilà-t-il pas aussi que, quelques jours après, et dans les *Funérailles de Louis XVIII*, il lui décerne la plus magnifique des épithètes, celle d'*évêque illustre!*

M. de Salvandy a fait une troisième brochure; car, ainsi que M: de Châteaubriand, il fait des *petits écrits, rapides ouvrages de quelques heures, qu'il publie à la hâte pour l'intérêt de la circonstance.* Cet écrit, il avoit obtenu pour lui les honneurs du *journal* devenu le théâtre des joutes et de la renommée de son modèle. Il avoit eu le soin de ne signer pas : il y avoit à cela de la perfidie, dans l'hypothèse d'un journal où un écrivain célèbre écrit tout seul, au milieu de médiocres, comme pour être mieux remarqué. Cette fois l'élève avoit si fort imité le *faire* du maître, que les plus habiles y furent trompés aussi bien que le reste. On crut, de rechef, que, si l'article n'étoit pas signé à la fin, il *l'étoit à toutes les pages.* Le *Moniteur*, qui, par son étendue et son impartialité connues, accueille toutes les pièces remarquables, s'empressa de répéter, dans toute sa longueur, l'œuvre de l'élève, comme si elle eût été du maître. Le succès, pour M. de Salvandy, étoit complet. On assure même que le modèle fut un moment étourdi et peut-être jaloux du disciple; car il est pénible, lorsqu'on a la prétention d'être unique, de se trouver deux. Par une singularité inouie, l'auteur fut jaloux de son ouvrage (car M. de Salvandy est l'un des plus beaux ouvrages de M. de Châteaubriand).

M. de Salvandy ne sauroit être heureux dans l'imitation d'un mauvais maître, sans être malheureux dans l'expression de la vérité. Il a eu beau s'efforcer de faire abstraction de sa politique républicaine, dans une circonstance où il ne falloit que les sentimens d'un royaliste. L'erreur perce de toutes parts, et il aggrave ses fautes précédentes alors même qu'il veut les effacer.

Il ose prétendre que Charles X, en abolissant la censure, telle qu'elle étoit faite, et comme par bonté de *joyeux avènement, a rendu la vie au plus grand des ouvrages de son frère*: il y a là-dedans une sottise et une contradiction. Charles X *a rendu la vie à la Charte!* — Louis XVIII l'avoit donc détruite?

Et vous avez dit cela sur sa tombe ! Étiez-vous chargé de l'accusation *funèbre ?* Charles X auroit ainsi contrarié, rompu *le règne de son vertueux frère*, et vous savez qu'il a déclaré vouloir le continuer !

On vous avoit, et avec raison, fait un *crime* des *torts* que vous aviez imputés à la révolution. Vous vouliez faire l'éloge du Roi vivant en chantant le Roi mort : il vous falloit bien vous laver du *crime* de l'apologie de ses ennemis. Mais, d'un autre côté, il ne falloit pas blesser votre vanité de la reconnoissance d'une faute.

Or voici de quelle façon vous avez cherché à atteindre ce double but, d'abord dans le texte, puis dans une note.

« *La révolution*, avez-vous dit, *eut le* TORT » *de vouloir clore le passé, élever une muraille* » *entre lui et nous.* » — Quel a été votre aveuglement ! vous avez pris un abîme pour une muraille ; et pourtant un poète comme vous ne s'y étoit pas trompé. « Un *crime* fait-il dis- » paroître la majesté royale ; à la place qu'elle » occupoit, il se forme un gouffre, et tout ce » qui l'environne s'y précipite (1). »

(1) Shakespeare, dans *Hamlet.*

« *La révolution eut le tort de planter, en*
» *d'autres termes, un arbre sans racines.* » —
Vous pouviez rendre tout entier le fameux
considérant du vote d'un fameux régicide,
et dire *un arbre de la liberté qui pour croître
a besoin d'être arrosé du sang des rois.*

Et vous avez prétendu, en note, que *cette
phrase expliquoit ce que vous aviez entendu
quand vous aviez parlé des torts de la révolution!* On nous a, ajoutez-vous, *grandement
reproché de n'avoir pas employé le mot de* crimes, *et on n'a pas voulu voir qu'en nous exprimant ainsi, nous aurions restreint notre
pensée.* — Un révolutionnaire fameux a dit
aussi du meurtre de Mgr. le duc d'Enghien à
son auteur, que *c'étoit plus qu'un crime, car
c'étoit une faute!*.

*La révolution qui a produit tant de grandes
choses.* — Expliquez-vous donc, si vous êtes
de bonne foi, comme je le suppose. De deux
choses l'une; ou vous voulez parler de meurtres,
de spoliations de la part des révolutionnaires;
ou c'est d'héroïques résistances, de résignations et de pardons plus héroïques encore dans
leurs victimes : il n'y a que cela, et il ne
peut y avoir autre chose dans les révolutions.

Dans le premier cas, vous êtes criminel; dans le second, enfant; car l'oppresseur qui donne lieu à la patience, apparemment n'en a pas la gloire.

Notre plume, dites-vous, est sans condescendance pour tous les crimes..... de quelque manteau qu'ils prétendent se couvrir. — Voudriez-vous, par hasard, rappeler la fameuse distinction des *jacobins rouges* et des *jacobins blancs*, et donner enfin à entendre que, lorsque la monarchie châtie des rebelles, elle est aussi criminelle que la révolution lorsqu'elle massacre les royalistes ? Ce seroit le plus grand de vos malheurs !

Revenant à votre texte, vous dites : *aussi falloit-il donner à l'arbre pour étais des échafauds.* — *Fallût-il* : voulez-vous dire que *les étais d'échafauds* étoient *nécessaires?*. Non, dites-vous. — En ce cas, les échafauds restent crimes, ceux qui les ont dressés, criminels; et ceux qui renouvellent, comme vous, les doctrines qui les préparent, aveugles : heureux s'ils ne sont pas criminels encore ! Et ce n'est que cela qu'il m'importoit de montrer.

« *Mais ces terribles appuis ne purent le sou-*
» *tenir; et il seroit resté enseveli, comme un*
» *débris*

» *débris de plus, sous nos autres ruines, si le*
» *trône ne l'avoit relevé avec lui, en l'adoptant*
» *pour un de ses supports* ». — Il est temps
de le dire, cet *arbre* que vous avez présenté
comme un *arbre* salutaire, (quoiqu'on ne conçoive guère de bon arbre *sans racines*); cet
arbre étoit un arbre funeste, l'*arbre de la liberté*, en un mot. Et vous osez vous féliciter
qu'il ne soit pas *resté enseveli sous nos autres
ruines*, c'est-à-dire, apparemment, sous les
ruines vraiment déplorables des gens de bien
et de saines doctrines! et vous osez, de plus,
calomnieusement supposer que le *trône* légitime *l'a relevé avec lui, en l'adoptant pour un de
ses supports!* et vous vous en félicitez encore!!!

L'expression ici manque à ma pensée.

Je trouve encore un trait de calomnie ou
d'ignorance dans votre écrit. Un homme qui
a, selon vous, profité de la révolution, vous a
paru laisser croire que la monarchie légitime
adoptoit la révolution, parce que le *cercueil de
Louis XVIII étoit appuyé sur lui.* — Si un
fils de la révolution a porté le cercueil du dernier roi, c'est qu'il en est devenu digne, et il
n'a pu le devenir qu'en désavouant sincèrement
sa mère; et, de ceux-là, je voudrois en voir la

5

monarchie, les chambres, les conseils, le ministère, pleins. Je ne sache rien de plus digne que le repentir : j'y trouve, comme Jean-Jacques, quelque chose de plus beau que dans l'innocence même. Que le brillant maître de M. de Salvandy rétracte ses funestes erreurs, qu'il dédaigne l'encens dont la révolution l'étourdit, qu'il rentre dans les rangs des catholiques et des royalistes qu'il a quittés, qu'il arrive ainsi au ministère s'il doit y arriver; et cette voix, toute cordiale, que j'élève aujourd'hui contre lui, se fera entendre en sa faveur.

M. de Salvandy, en un mot, a parlé aux *funérailles de Louis XVIII*, comme la révolution eût pu le faire à celles de la Monarchie : M. de Châteaubriand a dû désavouer cela.

Je lis dans le numéro d'aujourd'hui d'un journal périodique que les amis de M. de Salvandy ne récuseront pas, car ils le rédigent (1), un jugement sur lui, qui vient à l'appui du mien : « Nous craignons qu'il ne puisse justi-
» fier les espérances qu'il avoit fait concevoir.
» Il paroît croire qu'il faut souvent faire réson-
» ner un nom pour que le public qui l'accueillit
» hier ne l'oublie pas demain; il semble que le

(1) La *Revue Encyclopédique*.

» temps lui manque, et l'on peut dire qu'il pu-
» blie plutôt des esquisses d'ouvrages que des
» ouvrages mûris par le travail et la religion.»

Dans la seconde partie de cet écrit, qui va s'imprimer et qui paroîtra sous peu de jours, nous réduirons à leur juste valeur les accusations *quotidiennes* et violentes auxquelles le ministère est en butte depuis l'avènement de Charles X. Nous traiterons, et nous osons le dire, d'une façon neuve et décisive, toutes ces grandes questions qu'on croit avoir approfondies et décidées en dernier ressort dans la dernière campagne, telles que l'indépendance absolue du fonctionnaire amovible, et la liberté absolue de la presse, sauf la répression judiciaire seulement. Nous montrerons qu'on est, en général, aveugle, et sur les fautes véritables du ministère, et sur la prospérité réelle dont il est la cause et les services éminens qu'il a rendus. Nous rendrons sensibles la sottise dans tous les écrivains, et la perfidie dans quelques-uns, de certaines attaques dirigées contre le ministère. Nous verrons, à cet égard, ce qu'il faut penser de l'union de certains royalistes avec les libéraux. Nous montrerons l'obligation où sont les gouvernemens monarchiques de relâcher successivement à leurs ennemis tous les élémens de la monarchie, du moment qu'ils leur en *octroient* un seul; et par conséquent les calamités universelles qui sont le fruit de ce système de *modérantisme*, c'est-à-dire de violence, qu'on s'efforce, mais vainement, de réhabiliter. Nous ferons sentir enfin, et le danger de la mobilité perpétuelle des ministères, et aussi l'admirable conduite du Roi dans le moment décisif de son avènement. Lorsque nous rencontrerons M. de Châteaubriand sur notre passage, et notamment à l'égard de la liberté de la presse, nous espérons continuer d'en faire justice.

Nous avons ajourné la seconde partie, dans la crainte de retarder l'autre. Le mal en ce siècle va si vite, que le bien doit courir aussi afin de le suivre. Quand il s'agit de religion et de monarchie, pour peu qu'on attende, on s'expose à travailler sur un tombeau.

J'ignore jusqu'à quel point mes intentions seront méconnues et malheureux mon courage. Quoi qu'il en soit, la règle de mon principal adversaire sera la mienne : « Quand la » critique est juste, je me corrige; quand le mot

» est plaisant, je ris; quand il est grossier, je
» l'oublie. » En France, et au milieu des
Français polis et généreux, je puis redouter
le *mot plaisant,* mais pas l'autre.

P. S. Je viens de lire dans le *Journal des
Débats* un extrait de la *première lettre sur la
politique,* adressée à un pair de France par
M. de Châteaubriand; j'ai voulu la lire tout
entière dans l'original, et j'ai trouvé que cela
m'étoit arrivé dans le journal : est-ce donc pour
faire acheter encore la brochure de la *lettre*
à ceux qui l'ont déjà payée dans la feuille, que
la feuille n'en a annoncé que l'*extrait*,(1)?

Quoi qu'il en soit, cette lettre, comme je l'a-
vois prévu, ne contient pas un mot de neuf, et
peut-être pas un de vrai. C'est perpétuellement
le publiciste faux, le dialecticien puéril, et
même l'écrivain décoloré. Il a voulu traiter de
cette *opinion publique* fausse ou ridicule, et

(1) Que dire encore de ces petits subterfuges de librairie,
de ces pages de vingt lignes, de ces blancs de plusieurs, de
ces lignes de.... lettres, etc., que s'interdisent les écrivains
consciencieux; et qu'on ne cesse de pratiquer au profit, ou
plutôt à la honte de M. de Châteaubriand? L'argent donné
pour les écrits actuels de M. de Châteaubriand me paroît une
sorte de retenue faite sur le droit des pauvres dans la bourse
de ceux qui le donnent, et dont M. de Châteaubriand et ses
libraires sont responsables au tribunal de l'infaillible justice.

dont il voudroit, mais en vain, faire une puissance a son profit. Je crois l'avoir rigoureusement réfutée, dans les premières pages de cet écrit, pour les bons esprits. Ici je vais y répondre pour la foule : plût à Dieu que ce ne soit pas pour M. de Châteaubriand lui-même ! Celles des erreurs de la première *lettre*, qui n'ont nul trait à *l'opinion*, seront relevées à leur place dans la seconde partie de notre ouvrage. Si, après cela, il reste quelque chose dans la *lettre*, cela appartiendra à l'imprimerie de M. Lenormant, à la quelle il faudra le rendre.

M. de Châteaubriand, qui se croit bien un peu suspect lorsqu'il traite à présent de la politique, a voulu écarter la *fin de non-recevoir* qu'on est porté à lui opposer (je puis bien lui parler la langue de la procédure, il en a trouvé admirable le *Procès-verbal des conférences*) :

« *Il est possible*, dit-il, *que la voix de quel-
» ques intérêts particuliers se mêle à des inté-
» rêts généraux.* » Et ailleurs : « *Il y a sans
» doute des louanges intéressées, des censures
» suspectes; mais il faut savoir de quelle
» bouche elles sortent.* . » Sans doute, cela n'est pas indifférent, mais cela n'est pas décisif; car j'ai plus d'une fois lu dans le *Constitutionnel*,

inconséquent, des opinions monarchiques, et des sentimens démocrates dans la *Quotidienne* devenue plus inconséquente encore.

« *Il ne faut pas comparer*, selon vous, *ceux* » *qui verseroient leur sang pour le Roi à ceux* » *qui ont répandu ou fait répandre le sang du* » *Roi.* » Les faits en cette matière ne sont rien, mais la pensée. Tel pourroit avoir été *conventionnel* contre Louis XVI, et mériter la pairie et même le ministère sous Charles X, et réciproquement; il y a tel autre homme qui a pu *verser son sang* pour la monarchie, et auquel celui-ci devroit ne plus les donner, et ne les donneroit plus aussi. La capacité et la vertu *actuelles* sont, je pense, préférables à l'incapacité et au malheur anciens, aux lumières ou au royalisme qui n'existent plus. Et que seroit-ce, si ceux-là qui ont *versé*, et qui verseroient encore *leur sang pour le Roi* dans un moment de péril, ne seroient pas ceux-là mêmes qui, par leur sotte et funeste politique, auroient amené le péril? En bonne politique, il faut préférer le talent qui sait détourner les révolutions au courage qui sait en être la victime.

Or les causes de révolution, l'orgueil, l'imposture, l'audace dans le caractère ; la foi à *l'o-*

pinion publique différente de l'opinion royale ; l'ignorance et le libéralisme, en un mot, semblent s'être donné rendez-vous dans tous les écrits de M. de Châteaubriand, et dans la *lettre* encore plus, s'il est possible, que dans le reste.

« *Vous croyez*, dit-il à son ami, *que j'aurai* » *un peu de force et d'autorité pour développer* » *des vérités importantes.* » — J'ignore si votre ami *vous croit un peu de force et d'autorité*, mais ce que vos écrits m'apprennent chaque jour, c'est que, bien que vous devriez n'en avoir aucune, vous vous croyez vous-même *une autorité infinie.*

« *Après avoir prouvé comme je l'ai fait*, ajou- » tez-vous, *qu'aucun ressentiment ne conduit* » *ma plume.* » — L'opinion publique, elle-même, sera juge de la *preuve*.

« *Qui, plus que moi, désire voir cesser les* » *oppositions royalistes?* » — Et, à dire vrai, il n'y a *que vous* qui les suscitiez et qui vous efforciez de les entretenir.

Venons à présent à vos *pensées détachées* sur l'opinion ; car vous n'avez jamais su en lier deux, ni ce que c'est que la méthode même dans le sophisme.

Je vais mettre moi-même dans vos argumens

l'ordre qui seul est capable de leur donner une apparence de vérité, et dont vous avez pris le soin de les déshériter.

« *Quelle que soit la supériorité du prince,* di-
» *tes-vous, encore faut-il qu'il soit instruit des*
» *faits.* » — Appliquez cela à ce que vous voudrez, et vous verrez son néant. Prenons pour exemples les deux plus éclatans qu'il puisse y avoir dans la circonstance, les délits de la liberté de la presse, et la vie et les œuvres politiques de M. Fréteau de Pény. Direz-vous qu'il faille au prince *une opinion publique* pour *l'instruire des faits ?* Si, en pareil cas, entre le prince et le peuple il appartenoit à l'un d'instruire l'autre, ce seroit certainement au prince.

Après avoir aussi mal établi la nécessité de l'opinion, voyons comme vous prouvez son unanimité, son infaillibilité, ses droits et sa puissance ; car, on ne sauroit trop le remarquer, vous lui donnez tous les caractères et tous les attributs de la souveraineté.

« *Un fait unique dans l'histoire des monar-*
» *chies,* dites-vous, *existe au moment où j'écris :*
» *l'acquiescement général et complet au nou-*
» *veau règne, l'opposition générale et complète*
» *à l'administration.* » — D'abord, des *faits*

uniques dans l'histoire, il n'y en a qu'aux yeux de ceux qui n'entendent pas l'histoire. L'humanité ayant toujours été la même, seulement plus ou moins éclairée et corrompue, les faits humains, et par conséquent historiques, ont toujours été les mêmes aussi. Ensuite, *l'acquiescement général et complet à un règne....* Cela est faux, ou la distinction du bien et du mal, des bons et des méchans, des royalistes et des républicains, a cessé en France ; ce que je ne pense pas, ne fût-ce qu'à cause du petit combat que je livre à M. de Châteaubriand. Quant à *l'opposition générale et complète à l'administration*, elle est aussi fausse, et par la même raison. Elle est générale et complète dans l'esprit, et surtout dans l'ame de M. de Châteaubriand : seroit-ce que M. de Châteaubriand se croit tout le monde ?

« *Les royalistes*, *les constitutionnels*, *les
» anciens ministériels sont aux pieds de
» Charles X, et s'élèvent à la fois contre le
» ministère*. » — Oui, les *royalistes* sont aux pieds du Roi, pour y être bien ; *les anciens ministériels*, pour s'y trouver mal ; *les constitutionnels...*, en temps et lieu pour le terrasser, et se mettre, en anarchie, à sa place !

« *Il est certain, très-certain, que le Monar-*
» *que est aussi populaire que le ministère l'est*
» *peu.* »—La conversion ici est-elle complète?
M. de Châteaubriand, d'adversaire du ministère, s'est-il fait son panégyriste? de courtisan
du Roi, est-il devenu son contempteur?

« *Il n'y a donc, je le répète, ni division, ni*
» *partage dans les esprits, et l'opinion qui re-*
» *pousse l'administration est, en général, celle*
» *qui depuis trente ans soutient la couronne.* »
— La preuve de la conversion est achevée : le
ministère est *repoussé par l'opinion qui, depuis
trente ans, soutient la couronne.* Or, si je ne
me trompe, l'opinion qui soutenoit la couronne
durant l'interrègne l'a laissée *à terre*, et Bonaparte a dit aussi *qu'il l'avoit ramassée.*

Nous venons de voir de quelle manière
M. de Châteaubriand prouve l'existence de l'o-
pinion publique; il prouve son infaillibilité, en
la *supposant* : « *On n'a jamais vu,* dit-il, *qu'en*
» *pleine paix, sans guerre civile, sans mou-*
» *vemens précurseurs des révolutions, l'opinion*
» *se soit tout entière égarée* (car M. de Châ-
» teaubriand reconnoît encore ailleurs que
» *l'opinion peut être quelquefois pervertie*) *sur*
» *le compte d'un ministère.* » — Vous seriez

surpris que *votre* opinion publique *s'égarât une fois* : moi, je m'étonnerois qu'une seule fois elle trouvât juste.

Voyons maintenant les priviléges et les droits de l'opinion publique. Le premier, ainsi qu'on pense, est de chasser les ministres. Mais, comme ce *cas* est bien un peu *royal*, et qu'il y a un Roi, et un Roi *à cheval*, qu'on veut flatter, n'osant dire la chose net, voici comme on l'exprime : « *Un Roi renvoie ses ministres quand la* » *voix publique les a convaincus de forfaiture* » *et d'incapacité.* » — On ne sauroit, comme on voit, faire la cour au peuple avec plus de vérité, ni au Roi avec plus d'esprit. M. de Châteaubriand a distingué deux sortes de *génies, le génie dans les choses sérieuses*, et *le génie dans les choses de grâces* : duquel ici a-t-il fait usage?

« *Dieu*, dites-vous, *renverse les tyrans quand* » *le cri des peuples opprimés est monté jus-* » *qu'à lui*, etc. » — Vous avez voulu rendre sensible votre argument par une comparaison, et vous n'avez su que le maudire par un blasphème. Dieu n'a pas besoin du *cri des peuples* pour savoir l'existence et arrêter le *renversement des tyrans*. Si le *cri des peuples* pouvoit servir à quelque chose, ce seroit à lui prouver leurs fautes; car, hormis un cas qu'il n'est pas même possible de spécifier, les sujets malheureux ne doivent pas se plaindre, mais se résigner.

Mais, pour qui veut entrer au ministère, ce n'est rien que de chasser les ministres, et le grand point est de leur nommer des successeurs. Or, comme c'est à l'opinion qu'on donne le droit de destituer les uns, on lui donne aussi le droit de choisir les autres. « *Pour que la* » *couronne soit éclairée, sans jamais être ac-* » *cablée par l'opinion, elle n'a rien à faire* » *que de rester ce qu'elle est par sa nature;* » *impassible. Le point juste où elle doit se te-* » *nir, est celui où elle trouve gloire et tran-* » *quillité.* » — Voilà bien; mais il ne vous arrive jamais de dire une vérité qu'à l'instant même il ne vous arrive aussi de la détruire. « *Elle sera placée, ajoutez-vous, dans ce par-* » *fait équilibre, lorsqu'elle aura rencontré des* » *ministres qui seront portés par la majorité* » *d'une opinion indépendante.* » — Lorsque la couronne a des ministres, et qu'elle les garde, on doit présumer qu'elle est *au point juste où elle trouve gloire et tranquillité;* car qui peut juger cela qu'elle-même? Elle doit avoir des ministres qui ne *soient portés* que par elle, car il n'y a qu'elle, au monde, de vraiment *indépendante*.

« *Où le Roi prendroit-il ses ministres*, dit » M. de Châteaubriand, *s'ils ne lui étoient in-* » *diqués par une renommée de probité et de* » *talens ?* » — *L'indicateur* n'est pas sûr ; car s'il y a de justes *renoms*, il en est d'usurpés.

« *Que l'on s'imagine un nouveau ministère* » *choisi ou parmi les royalistes.* » — Cela est trop : cela vous exclut. « *Ou parmi les anciens ministériels.* » — Admettriez-vous, par hasard, ceux-là à qui vous avez trouvé que *les pieds avoient glissé dans le sang ?* « *Ou parmi les constitutionnels.* » — Cette fois, vous voilà. Vous vous êtes placé le dernier, comme afin que la pensée royale s'arrêtât à vous.

Je suppose un ministre *constitutionel ;* c'est-à-dire, celui qu'au fond vous demandez : »

« *Réuniroit-il contre lui les constitutionnels,* » *les anciens ministériels et les royalistes ?* » — Oui ; car la révolution est comme Saturne, elle dévore ses propres enfans, et de plus elle se dévore elle-même : c'est un chancre qui s'acharne sur l'ordre social, et qui s'achève en achevant.

Je n'ignore pas qu'alors même qu'il viole le plus la liberté du Roi, M. de Châteaubriand la proclame : « *Personne n'a la prétention,* » dit-il, *de résister, ou de donner des leçons à* » *la volonté souveraine;* » et ailleurs : « *On n'a* » *pas l'audace de dire à la couronne : renvoyez* » *vos ministres, parce qu'ils ne nous conviennent* » *pas. On dit : les ministres ont fait des fautes.* » *On montre le mal qu'on voit ou qu'on croit* » *voir; on n'indique pas le remède.* » On dit :
— Eh bien ! *une fois* pour toutes, et il y a six mois que vous ne dites pas autre chose : est-ce là ne prescrire pas, ne faire qu'*indiquer* ? Croyez-vous donc qu'ainsi que le Roi oublie les fautes, il oublie aussi la vérité ?

« *On sait seulement que le remède existe dans* » *la couronne, d'où vient le salut de tous.* »— Silence donc enfin, et rapportez-vous-en à elle !

Après avoir donné à *son opinion*, qualifiée du nom de *publique*, le droit de faire et de défaire les ministres, il lui donne enfin celui de régler la chambre des pairs et la chambre des députés : « *L'opinion extérieure*, dit-il, » *peut non-seulement, dans un cas particu-* » *lier, être un meilleur guide que les chambres,* » *mais elle peut servir de sauvegarde contre*

» *l'autorité égarée des chambres.* » — Mais qu'est-ce, après tout, que les chambres aux yeux de celui qui sacrifie le Roi ?

« *L'opinion est un pouvoir qui échappe aux* » *vivacités de l'impatience comme aux fureurs* » *de la persécution : s'irriter contre elle est* » *folie, ne pas y croire est péril.* » — C'est, selon moi, sagesse et sécurité.

« *En tous temps, en tous lieux, l'opinion* » *publique armée du bon droit a remporté la* » *victoire.* » — Vous annoncez le succès de l'opinion *armée du bon droit;* mais ce n'est pas là l'*opinion publique*, c'est *la royale*.

Après tout, M. de Châteaubriand prévoit bien le peu de succès de son *opinion* et la force de ses adversaires, en tant du moins qu'ils ont affaire à lui.

« *Si les ministres*, dit-il, *fatiguoient le fouet* » *de l'opinion, que deviendroit un peuple sous* » *de tels hommes ?* » — Un peuple supérieur aux révolutions, un peuple prospère, *le peuple français* en un mot.

« *Les hommes qui valent quelque chose et* » *qui comptent chez les peuples.* » — Les hommes *valent* tous beaucoup et doivent *compter* tous. S'il y en avoit qui *valussent* moins,

moins et devroient ne *compter* pas, ce seroient ceux qui croient *valoir* seuls et qui veulent *compter* pour tout.

« *Se tiendroient à l'écart.* » — C'est ce qu'ils auroient depuis long-temps dû faire.

« *On n'en offriroit pas moins, pour la cou-* » *ronne le vœux les plus ardens au ciel.* » — Voilà du christianisme; reste à savoir s'il est franc.

« *Mais les bénédictions qui sortent d'un* » *cœur attristé ont-elles la même puissance* » *pour la prospérité des Etats?* » — Vous n'entendez rien au christianisme, ni à sa prière; votre main semble ne pouvoir le toucher sans le flétrir. La plus puissante des prières est précisément celle du malheur; car elle est la plus nécessaire.

Mais M. de Châteaubriand ne va-t-il pas jusqu'à neutraliser sa doctrine sur l'opinion, en la qualifiant de *poison?* Il craint de trouver dans les ministres des *Mithridates politiques habitués à le digérer.* Plaise à Dieu que sa crainte soit fondée!

Et pourtant cette opinion, qui est si fort l'ennemie du ministère, M. de Châteaubriand veut qu'ils lui doivent leur existence! « Les

» ministres, dit-il, ont trouvé très-bon que
» l'opinion les appelât; il est tout simple qu'ils
» trouvent mauvais que l'opinion les rejette. »
— La preuve incontestable que ce n'est point
votre opinion publique qui a fait le ministère
actuel; c'est qu'elle le repousse aujourd'hui.
L'opinion, alors même qu'elle est mauvaise,
est clairvoyante, et c'est même pour cela
qu'elle est si redoutable. Elle n'élève jamais
que les gens qui sont incapables de lui manquer.

« *Les ministres érigent leur intérêt en prin-*
» *cipe.* » — Si vous aviez autant de vraie philosophie que vous en avez de fausse, vous sauriez, ce que les ministres paroissent savoir, que l'*intérêt* même de fortune, pour le citoyen, se confond dans *le principe* de morale, qu'on peut *descendre à la fortune* aussi bien, et en même temps, que *s'élever à la gloire*, et qu'ainsi les deux choses n'étant pas divisées, il n'est pas nécessaire de les réunir (1).

---

(1) M. de Châteaubriand a dit, de M. le duc Decazes, qu'*il pouvoit s'élever à la gloire, et qu'il n'étoit descendu qu'à la fortune.* Il n'a pas plus su, lui, descendre à celle-ci que s'élever à l'autre. Il est au-dessous de celui qu'il affectoit de tant mépriser naguère; car, ainsi que l'a très-spirituellement ob-

Après tout, ne diroit-on pas que M. de Châteaubriand veuille effacer d'un trait toutes ses sottises, et que cette opinion qu'il a élevée aux nues, il ait fini par la remettre sur la terre, c'est-à-dire, à sa place ? Il conclut en disant : « *L'opinion publique est sur le trône dans la* » *personne de notre auguste Monarque.* » — C'est-à-dire que *l'opinion publique* n'existe pas, ou, ce qui revient au même, qu'elle n'existe que par celle du Monarque, qui seule peut lui donner la vie et la vertu.

Seulement, M. de Châteaubriand n'a jamais la force de dire une vérité sans y glisser une erreur ; il ajoute : « *S'il étoit jamais quelques* » *hommes qu'il trouvât à propos d'éloigner de* » *son conseil, il prononceroit la sentence, et* » *la France appliqueroit la peine : l'oubli.* » — Lorsque le pouvoir a *prononcé la sentence*, c'est encore lui qui *applique la peine*, et, alors même qu'elle ne consiste que dans l'*oubli*, le sujet n'a rien à mêler à cela que son respect et son obéissance.

M. de Châteaubriand n'écrit jamais sur la

---

servé M. de Bonald, *il n'y a d'hommes d'esprit en révolution que ceux qui font leur fortune et ceux qui ne veulent pas la faire.*

politique sans ajouter à ses erreurs ce qu'on peut appeler des simplicités : « *Il n'y a plus,* » dit-il, *qu'un seul combat, celui de l'opinion,* » *contre le ministère.* » — Il n'y a qu'un *seul* combat : la raison en est toute simple, c'est qu'il n'y a jamais eu et ne sauroit jamais, en société, y en avoir *deux.* Vous aurez beau faire, n'y ayant qu'*une* vérité et *une* erreur, *un* bien et *un* mal, il faut qu'il n'y ait aussi qu'*une* opposition et qu'*un* combat ; s'il y a ensuite des subdivisions, ce n'est pas à la règle qu'il faut s'en prendre, mais à nos inconséquences.

« *Qu'y a-t-il de semblable dans les temps* » *et dans les hommes de* 1789 *et* 1824 ? » — La *liberté de tout dire, de tout imprimer,* c'est-à-dire, la condition, *sine quâ non,* de tout faire, ce qui n'excepteroit pas même le régicide. Je sais très-bien que vous allez crier à l'exagération ; mais je sais aussi que vous ignorez l'*omnipotence des conséquences.*

Non content d'exprimer et de colorer de perfides erreurs, M. de Châteaubriand exprime des irrévérences. Il ne craint pas de supposer aux chambres une foiblesse sénatoriale dont elles ne seroient capables qu'avec ses doctrines, qu'elles repoussent sans doute, bien qu'elles soient adressées à l'un de leurs membres; et de les représenter, sous le ministère, comme « *des machines d'oppression, battant monnoie,* » *forgeant des conscrits, et imprimant des lois* » *pour des esclaves appelés constitutionnels.* »

La majesté royale elle-même n'est pas à l'abri des légèretés du noble pair : « *Par le* » *seul acte de l'abolition de la censure, Char-* » *les X a déclaré qu'il vouloit entendre l'opi-* » *nion publique, puisqu'il lui rendoit la voix.* » — Vous supposez que l'opinion publique n'a fait entendre que des accens de soumission et de reconnoissance, et nous verrons, et tout le monde sait, qu'elle en a fait entendre d'irrévérence et de révolte.

Vous avez fait plus encore, et vous avez dit « *qu'à la mort de Louis XVIII la légitimité* » *avoit..... rallié au trône une opinion qui en* » *étoit restée séparée depuis* 1814. » — Alors entre les deux frères il y auroit eu un de malheureux : vous nous apprendrez lequel ; car, même après ce que vous avez écrit, il nous reste des doutes....

Qu'est-ce que le Roi a pu penser encore de cette hypothèse que vous avez présentée comme possible apparemment (car à quoi bon sans cela?), d'un gouvernement où *les hommes ne pourroient arriver aux affaires que par les intrigues de cour ou la protection des valets, des favoris et des maîtresses?* N'est-ce pas, pour parler comme M. de Salvandy, votre élève, *profaner à la fois et le linceul et le diadème?*

Voilà ce que M. de Châteaubriand nous a donné dans sa première *lettre;* il y en avoit assez, il y en avoit trop même pour mériter les éloges des journaux libéraux : le *Constitutionnel* d'hier a dit aussi que *la plupart des idées que l'auteur a développées* avec éloquence, dans sa première lettre, *avoient déjà paru dans les journaux indépendans;* et le *Courrier* l'appelle, à cette occasion, un *génie supérieur, ayant une connoissance profonde du gouvernement représentatif,* c'est-à-dire, dans son argot, de la politique révolutionnaire.

Aujourd'hui que le *Constitutionnel* a eu le temps de réfléchir à la force et à l'efficacité future de la *lettre* de son homme, il ne fait pas difficulté de nous annoncer qu'elle est un *coup mortel* porté *au ministère,* et qu'on verra ce que les écrivains aux gages du ministère répondront à cette première attaque, qui, selon lui, *est vive et bien-dirigée*. Notre réponse ne sera point celle d'*un écrivain* soupçonné d'être *aux gages du ministère*. Nous n'avons pas vu un seul des ministres depuis leur élévation; et peut-être que ceux qui s'attendent le moins à leur justification sont eux-mêmes. Le *coup mortel* que la faction libérale a voulu *porter au ministère* est, je ne crains pas de le dire, retombé sur elle; et ce n'est que contre elle que *la première attaque* semble avoir été *bien dirigée*.

Voici ce que M. de Châteaubriand nous promet pour sujet de ses lettres subséquentes.

« *Je me propose de vous entretenir de l'in-
» demnité des émigrés.* » — La cause est entendue : tout le monde est d'accord; et l'on peut, sans beaucoup présumer de soi, vous porter le défi d'ajouter un mot, et même une forme, à ce qu'ont écrit là-dessus une foule de bons jurisconsultes et quelques-uns de supérieurs.

« *Des intérêts des rentiers.* » — Il y a là deux points, l'un de droit, l'autre de fait et de finances : ils ne sont pas plus l'un que l'autre de votre compétence.

« *De l'indépendance de la magistrature.* »

— Ce seroit pour flatter son orgueil, et elle n'a que faire de cela.

« *Des lois à faire.* » — Vous ne connoissez que *celles* du *roman* (1).

« *Du rôle que la France pourroit jouer en Europe.* » — On sait celui que vous lui avez fait jouer pendant l'*an et jour* de votre ministère : vous ne pourriez pas lui en procurer d'autre.

« *De la position de l'Espagne et de ses colonies.* » — Vous le savez, l'Espagne en nous renvoyant, comme un poison politique, votre *Monarchie selon la Charte*, a suffisamment prouvé que vous n'aviez à faire de vous occuper d'elle.

« *Des destinées futures de la Grèce.* » — Je crois bien que vous prendrez sa querelle; car vous avez trop médit de Constantinople pour prendre la sienne. Mais en vous décidant pour la *liberté*, comme il y a deux raisons et toutes contraires, il est à craindre que vous ne don-

---

(1) M. de Châteaubriand, répondant à un orateur à la chambre des députés, a dit : « Nous avions tous les deux un porte-
» feuille par *interim*, moi à Gand, lui à Paris. Je faisois alors
» un *roman*, lui s'occupoit d'histoire : je m'en tiens encore
» au *roman* ». M. de Châteaubriand a voulu rire, je le sais;
mais il a dit la vérité en riant.

niez la mauvaise. Vous feriez bien encore un tableau des horreurs de l'islamisme; mais vous ne pourriez que mettre en prose ce que de grands poètes ont rendu en beaux vers : on y perdroit, et vous aussi.

« *Etc., etc.* » — On voit trop là l'incertitude où vous êtes de vos élémens de *lettres,* et pourtant le besoin que vous en avez pour tenir, en homme d'honneur, un engagement qu'on vous a payé. Chacun de vos écrits est paralysé à sa naissance. Comme vous dites vous-même aujourd'hui, *le pouvoir tiré de la corruption, ne ressemble point à l'or de Vespasien; il retient toujours quelque chose de son origine.* Cette *liberté de la presse,* que vous élevez si haut et dont vous êtes si fier, vous ne l'avez plus. Vous, vous êtes engagé *à la livrer, à jour fixe,* à un marchand. Avant de demander, à si grands cris, au Roi de briser les fers d'autrui, vous deviez bien commencer par briser les vôtres !

Voici la *réponse* que nous avons cru, à la fois comme chrétien et comme royaliste, devoir faire à la *première lettre* de M. de Châteaubriand. Ce n'étoit sûrement pas la *réponse* qu'il attendoit; mais est-ce notre faute si M. de

Châteaubriand adresse au public les lettres qu'il écrit *à son ami*?

Je prends date, pour ma réponse à la *lettre*, du jour même où je la lis, et que les feuilles libérales la louent avec emphase : cela fera voir qu'il est bien autrement difficile de dire l'erreur que de la réfuter.

Paris, le 11 novembre 1825.

FIN DE LA PREMIÈRE PARTIE.

www.ingramcontent.com/pod-product-compliance
Lightning Source LLC
LaVergne TN
LVHW050633090426
835512LV00007B/829